HAWAIIAN FOOD RECIPES

일러두기

- 재료는 별도 표기가 없으면 2인분 기준입니다.
- 재료 중 양념을 나타내는 「A」「B」 등은 미리 섞어두세요.
- 1작은술은 5cc, 1큰술은 15cc, 1컵은 200cc, 1cc는 1ml예요.
- 기본적으로는 ~술이나 ~컵 단위를 사용했지만, '간식' 레시피에는 편의상 cc나 g으로 표기했어요.
- 전자레인지의 가열 시간은 600W 기준입니다. 500W는 가열 시간을 약 1.2배, 700W는 약 0.8배, 1000W는 약 0.6배로 조정하고, 기종에 따라 차이가 있을 수 있으니 상태를 보면서 가열하세요.
- 오븐, 오븐 토스터, 생선 그릴 등의 가열 시간은 기종에 따라 다를 수 있으니 상태를 보면서 가열하세요.
- 프라이팬은 불소수지 코팅된 팬을 사용했습니다.

쉽게 예쁘게 맛있게 만드는 하와이 요리

HAWAIIAN FOOD RECIPES

와타나베 마키·와카야마 요코 지음 김소연 옮김

SYMPOSIA

CONTENTS

하와이안 플레이트

I 쉽게 준비하는 한 그릇 메뉴

로코모코 ◆ 10
멘치카츠 로코모코 ◆ 13
흰살 생선 로코모코 ◆ 14
참치 아보카도 포케 덮밥 ◆ 17
연어와 고수 포케 덮밥 ◆ 18
문어와 김치 포케 덮밥 ◆ 19
바지락 포케 덮밥 ◆ 20
아우 포케 덮밥 ◆ 21
아스파라거스 스팸 볶음밥 ◆ 22
흰살 생선 소테 런치박스 ◆ 23
사이민 ◆ 24
하와이안 스타일 연어 오차즈케 ◆ 25

II 든든한 아침 식사

에그베네딕트 ◆ 26
새우 에그베네딕트 ◆ 29
연어 에그베네딕트 ◆ 30
시금치 치즈 오믈렛 ◆ 33
토마토 양송이 오믈렛 ◆ 34
소시지 감자치즈 오믈렛 ◆ 35
파인애플 코코넛 프렌치토스트 ◆ 36
소시지 스크램블드에그 프렌치토스트 ◆ 38
시나몬을 뿌린 바나나 마카다미아 프렌치토스트 ◆ 39

III 색다른 햄버거, 샌드위치, 주먹밥

BBQ버거 ◆ 40
아보카도 두부 버거 ◆ 42
아히 샌드위치 ◆ 43
칼루아포크 양배추 샌드위치 ◆ 44
병아리콩 샌드위치 ◆ 45
파슬리 달걀 간단 샌드위치 ◆ 46
로스트비프 핫샌드위치 ◆ 47
스팸주먹밥 ◆ 49
달걀과 후리가케 스팸주먹밥 ◆ 50
연어와 단무지 현미주먹밥 ◆ 51

IV 사랑스러운 메인 메뉴

갈릭 슈림프 ◆ 52
버터레몬 갈릭 슈림프 ◆ 54
칠리 갈릭 슈림프 ◆ 55
칼루아포크 크레송 수프 ◆ 57
칼루아포크 양배추말이찜 ◆ 58
칼루아포크 양상추 레몬라이스 ◆ 59
모치코 치킨 ◆ 60
파래와 치즈 모치코 치킨 ◆ 61
칼라마리 프리토 ◆ 62
훌리훌리 치킨 ◆ 64
미니토마토 프라이 ◆ 65

V 싱그러운 샐러드

로미로미 연어샐러드 ◆ 66
로미로미 치킨샐러드 ◆ 68
오색 콩 진저샐러드 ◆ 69
참치 소테와 시금치 샐러드 ◆ 70
마카로니 샐러드 ◆ 71

하와이안 베이커리 & 디저트

VI 골라 즐기는 팬케이크

하와이안 팬케이크 플레인 ◆ 74
커피 초코칩 팬케이크 ◆ 76
코코넛소스 팬케이크 ◆ 76
오렌지 수플레 팬케이크 ◆ 78
블루베리 수플레 팬케이크 ◆ 79
치즈 멜트 팬케이크 ◆ 81
튜나 팬케이크 ◆ 82
옥수수 팬케이크 ◆ 83

VII 놓칠 수 없는 도넛, 스콘, 쿠키, 모치

말라사다 도넛 플레인 ◆ 84
초콜릿 말라사다 도넛 ◆ 87
살구잼 말라사다 도넛 ◆ 87
블루베리 스콘 ◆ 89
바나나 호두 스콘 ◆ 89
코코넛 쿠키 ◆ 90
커피 쿠키 ◆ 90
파인애플 쿠키 ◆ 91
모치 아이스 / 모치 후르츠 ◆ 93
버터 모치 ◆ 94

VIII 우아하게 파이, 케이크, 브라우니

레몬망고 하우피아 크림파이 ◆ 96
초콜릿 하우피아 크림파이 ◆ 101
코코퍼프 / 라임 크림퍼프 ◆ 102
딸기소스 치즈케이크 ◆ 104
초콜릿 프로즌 치즈케이크 ◆ 107
망고 레어치즈케이크 ◆ 108
오레오와 피넛 레어치즈케이크 ◆ 111
마카다미아 브라우니 ◆ 113
파인애플 케이크 ◆ 114
바나나 콘브레드 ◆ 117

IX 시원한 디저트와 음료

아사이 볼 ◆ 118
레인보우 젤리 ◆ 120
젤로무스 ◆ 121
스모어 아이스크림 ◆ 122
피넛버터쿠키 아이스크림 샌드위치 ◆ 123
플랜테이션 아이스티 ◆ 125
플레이버 워터 ◆ 125
베리 스무디 ◆ 125
수박 스무디 ◆ 126
망고, 파인애플, 체리 스무디 ◆ 126
치치 ◆ 127

하와이안 플레이트

식사 요리
와타나베 마키

여러 나라의 요리가 어우러진 로컬 푸드

로코모코와 햄버거 등 호탕하고 유쾌한 이미지가 강한 하와이 음식. 이런 하와이 음식은 폴리네시아 사람들이 들여온 소박한 전통 요리, 아시아와 유럽의 이주민들이 들여온 세계 여러 나라의 맛, 그리고 미국 본토의 식문화가 어우러져 탄생한 다양성 넘치는 요리입니다.

"플레이트 런치처럼 맛깔스럽고 강한 맛을 즐길 수 있는 메뉴도 있지만, 참치를 넣은 포케 덮밥(p.17)이나 칼루아포크, 크레송 수프(p.57) 등 누구나 즐길 수 있는 재료 본연의 맛을 살린 요리가 많답니다."

15년 전 하와이를 처음 방문했을 때부터 지금까지 하와이 요리에 흠뻑 빠져있는 요리사 와타나베 마키는 최근 하와이에서 한창 유행인 지역생산·지역소비 덕분에 든든한 고기요리뿐만 아니라 신선한 채소 메뉴도 즐길 수 있는 게 매력이라고 하네요.

"새싹을 듬뿍 넣은 샌드위치는 건강에도 좋지만 한 끼 식사로도 든든해요. 슈퍼마켓에 진열된 총천연색의 채소 델리 코너는 보기만 해도 설렌답니다."

오믈렛이나 에그베네딕트처럼 아침 식사로 어울리는 세련된 메뉴(p.26)도 있지만, 하와이 거주민(로코)들이 사랑하는 모치코 치킨(p.60)이나 갈릭 슈림프(p.52)는 어른 아이 할 것 없이 누구나 좋아해서 평소 식탁에 부담 없이 올릴 수 있는 메뉴입니다.

"쉽게 구할 수 있는 재료와 양념으로 간단히 만들 수 있는 메뉴들로만 구성했어요. 로코모코의 그레이비 소스도 중농 소스를 넣어 점도를 높이는 등 조리 시간을 단축할 수 있도록 조절했답니다. 그럼 이제 하와이 본토의 맛을 즐겨볼까요!"

I 쉽게 준비하는 한 그릇 메뉴

하와이 섬에서 태어났다는 로코모코는 현지 어느 레스토랑에서나 만날 수 있는 인기 메뉴.
요즘에는 햄버그 스테이크 대신 생선이나 멘치카츠, 스팸을 얹기도 해요.
볶음밥을 곁들인 로코모코 등, 개성 있는 메뉴가 많아지면서 나날이 진화 중이랍니다.
이 밖에 참치 덮밥과 비슷한 포케 덮밥, 하와이식 국수나 중국식 볶음밥 등은 한 그릇 음식이지만
양도 푸짐해요! 우리에게도 친숙한 맛이니 꼭 식단에 넣어보세요.

쌀밥에 햄버그 스테이크와 그레이비 소스
그리고 달걀 프라이를 얹은 하와이의 명물 요리!

로코모코

재료

「햄버그 스테이크」
　올리브 오일 … 약간
　양파(다진 것) … 1/2개
　빵가루 … 1큰술
　우유 … 1큰술
　쇠고기와 돼지고기 간 것 … 300g
　달걀 푼 것 … 1개 분량
　소금 … 1/4작은술
　후추 … 약간

「달걀 프라이」
　올리브 오일 … 1/2작은술
　달걀 … 2개

올리브 오일 … 약간

「그레이비 소스」
　버터 … 1큰술
　토마토케첩 … 1큰술
　중농 소스(또는 돈가스 소스) … 2큰술
　우스터 소스 … 1큰술
　레드와인 … 2큰술
　우유 … 2큰술

밥 … 3공기 분량
어린 잎 등 좋아하는 잎채소 … 적당량

1 햄버그 스테이크를 만든다. 올리브 오일을 둘러 달군 프라이팬에 양파를 넣고 투명해질 때까지 약불에서 볶는다. 배트 등 넓은 그릇에 옮겨 열을 식힌다. 빵가루는 우유에 담가둔다.

2 볼에 고기 간 것, 달걀 푼 것, 1, 소금, 후추를 넣고 점성이 생길 때까지 손으로 잘 치댄 다음 2등분하여 타원형으로 만든다.

3 달걀 프라이를 만든다. 올리브 오일을 둘러 달군 프라이팬에 달걀을 깨서 넣고 중불에서 반숙으로 익힌다. 배트 등 넓은 그릇에 옮겨 담는다.

4 올리브 오일을 둘러 달군 프라이팬에 햄버그 덩어리를 넣고 중불에서 한쪽 면에 살짝 탄 느낌이 들 때까지 굽는다. 뒤집어 뚜껑을 덮고 약불에서 8분 정도 충분히 익힌다.

5 그레이비 소스를 만든다. 작은 냄비에 모든 재료와 4에서 나온 육즙을 넣고 약불에서 끓인다. 한소끔 끓어오르면 3분 정도 더 끓인다.

6 그릇에 밥을 담고, 햄버그 스테이크와 달걀 프라이를 얹은 다음 그레이비 소스를 뿌린다. 잎채소를 곁들인다.

나날이 다양해지는 로코모코
일식 스타일 로코모코를 소개합니다

멘치카츠 로코모코

재료

「멘치카츠」
올리브 오일 … 약간
양파(다진 것) … 1/2개
빵가루 … 1큰술
우유 … 1큰술
쇠고기와 돼지고기 간 것 … 300g
달걀 푼 것a … 1개 분량
소금 … 1/4작은술
후추 … 약간
박력분 … 2큰술
달걀 푼 것b … 1개 분량
빵가루 … 5큰술
튀김유 … 적당량

「달걀 프라이」
올리브 오일 … 1/2작은술
달걀 … 2개

올리브 오일 … 약간

「그레이비 소스」
버터 … 1큰술
토마토케첩 … 1큰술
중농 소스(또는 돈가스 소스) … 2큰술
우스터 소스 … 1큰술
레드와인 … 2큰술
우유 … 2큰술

밥 … 3공기 분량
양배추 잎 … 3~4장
토마토(큰 것) … 1/2개

1 멘치카츠를 만든다. 올리브 오일을 둘러 달군 프라이팬에 양파를 넣고 투명해질 때까지 약불에서 볶는다. 배트 등 넓은 그릇에 옮겨 열을 식힌다. 빵가루는 우유에 담가둔다.

2 볼에 고기 간 것, 달걀 푼 것a, 1, 소금, 후추를 넣고 점성이 생길 때까지 손으로 잘 치댄다. 2등분하여 각각 크고 둥글넓적하게 만든다.

3 박력분, 달걀 푼 것b, 빵가루 순으로 옷을 입혀 170°C로 가열한 기름에 튀긴다.

4 달걀 프라이를 만든다. 올리브 오일을 둘러 달군 프라이팬에 달걀을 깨서 넣고 중불에서 반숙으로 익힌다. 배트 등 넓은 그릇에 옮겨 담는다.

5 그레이비 소스를 만든다. 작은 냄비에 모든 재료를 넣고 약불에서 뭉근히 끓이다가 3분 정도 더 바짝 끓인다.

6 그릇에 밥을 담고, 채 썬 양배추, 1cm 두께로 썬 토마토, 먹기 좋은 크기로 자른 3, 달걀 프라이를 얹은 다음 그레이비 소스를 뿌린다.

소테한 흰살 생선도 로코모코에 제격
건강하고 산뜻한 맛!

흰살 생선 로코모코

재료

흰살 생선
(황새치, 대구, 삼치, 도미 등) … 2토막
소금 … 약간
박력분 … 2작은술
올리브 오일 … 1작은술
후추 … 약간
화이트와인 … 1큰술

「그레이비 소스」
　버터 … 1큰술
　토마토케첩 … 1큰술
　중농 소스(또는 돈가스 소스) … 2큰술
　우스터 소스 … 1큰술
　레드와인 … 2큰술
　우유 … 2큰술
　붉은 고추(저민 것) … 1/2개

밥 … 3공기 분량
적양배추(또는 양배추) … 100g
어린 잎 등 잎채소 … 적당량
레몬 … 1/4개

1 흰살 생선은 소금을 뿌려 10분 정도 재운다. 키친타월 등으로 수분을 제거하고 박력분을 살짝만 묻힌다.

2 올리브 오일을 둘러 달군 프라이팬에 생선을 올린 다음 후추를 뿌린다. 노릇노릇해질 때까지 중불에서 굽는다.
뒤집어 화이트와인을 빙 돌려 두른 다음 뚜껑을 덮고 중불에서 6분 정도 익힌다.

3 그레이비 소스를 만든다. 작은 냄비에 붉은 고추 이외의 모든 재료를 넣고 약불에서 천천히 끓인 다음, 3분 정도 더 끓인다. **2**의 육즙에 붉은 고추를 넣고 섞는다.

4 그릇에 밥을 담고 **2**를 얹은 다음, 채 썬 적양배추와 잎채소를 곁들이고 그레이비 소스를 뿌린다.
먹기 전에 반달 썰기한 레몬의 즙을 뿌린다.

Column

기호에 따라 간장 등을 살짝 뿌려 먹는 게 로컬 스타일

하와이 레스토랑 어느 곳에나 비치되어 있는 알로하 간장이나 타바스코, 칠리소스 등을 뿌린 다음 스푼으로 섞어 먹는 게 로컬 스타일. 푸짐한 볼륨의 로코모코. 하지만 사실은 아침 메뉴랍니다!

Poke

포케는 토막 낸 생선을 참기름 등에 버무린 요리
현지에서는 덮밥 스타일이 인기랍니다!

참치 아보카도 포케 덮밥

재료

해초 믹스(건조품) … 3g
참치(깍둑썰기) … 200g
아보카도 … 1개
소금 … 1작은술
참기름 … 1과 1/2큰술
밥 … 2공기 분량

1 해초 믹스는 5분 정도 물에 충분히 불려 수분을 제거한다. 참치는 1.5cm 크기로 깍둑썰기 한다. 아보카도는 씨와 껍질을 제거하고 1.5cm 크기로 깍둑썰기 한다.

2 볼에 밥 이외의 재료를 모두 넣고 골고루 버무린다.

3 그릇에 밥을 담고 2를 얹는다.

Column

섬나라 하와이에서 사랑받는 로컬 푸드, 포케

포케는 하와이 말로 '잘라서 요리한다'는 뜻인데 '포키'라고도 해요. 하와이 근해에서 갓 잡아올린 신선한 참치(아히), 가다랑어(아쿠) 등을 해초, 양파와 함께 버무리는 게 일반적이지만 진주담치, 두부, 어묵으로 만든 포케는 안주로도 훌륭하답니다!

가볍게 먹을 수 있는 포케 덮밥, 인기 급상승 중

하와이에서는 예로부터 사랑받던 포케를 밥 위에 얹은 포케 덮밥(포케 볼)을 먹을 수 있는 식당이 늘어나고 있어요. 〈ONO SEAFOOD〉, 〈PA´INA CAFE〉같은 전문점 외에 슈퍼마켓 〈FOODLAND〉의 포케 매장에서도 맛있는 포케 덮밥을 즐길 수 있답니다.

농후한 식감의 연어는
고수로 끝 맛을 산뜻하게
연어와 고수 포케 덮밥

재료

햇양파 … 1/2개
연어(바다양식, 횟감용) … 250g
고수 … 1/2단
참기름 … 1큰술
소금 … 1작은술
밥 … 2공기 분량

1. 햇양파는 2mm 두께로 얇게 썰어 5분 정도 물에 담갔다가 물기를 완전히 제거한다. 연어는 1.5cm 크기로 깍둑썰기한다. 고수는 대충 자른다.
2. 볼에 밥 이외의 모든 재료를 넣고 골고루 버무린다.
3. 그릇에 밥을 담고 **2**를 얹는다.

김치 포케도 인기
여름의 스테미너 음식으로 제격이죠
문어와 김치 포케 덮밥

재료

데친 문어 … 200g
소금 … 약간
쪽파 … 3가닥
배추김치 … 50g
참기름 … 1큰술
간장 … 1/2작은술
밥 … 2공기 분량
볶은 참깨 … 1작은술

1 데친 문어는 소금을 넣고 조물조물한 다음 흐르는 물에 헹군다. 키친타월 등으로 물기를 제거하고 대충 썬다. 쪽파는 1.5cm 길이로 어슷썰기 한다. 김치는 먹기 좋은 크기로 자른다.
2 볼에 밥 이외의 모든 재료를 넣고 골고루 버무린다.
3 그릇에 밥을 담고 **2**를 얹은 다음 볶은 참깨가루를 뿌린다.

바지락 국물이 밥에 스며
얼마든지 먹을 수 있을 것 같은 맛!
바지락 포케 덮밥

재료

붉은 고추 … 1/2개
마늘 … 1톨
참기름 … 2작은술
바지락(껍질째, 해감한 것) … 200g
청주 … 1큰술
소금 … 1/4작은술
밥 … 2공기 분량
슬라이스한 레몬 … 2장

1. 붉은 고추는 씨를 제거하고 송송 썬다. 마늘은 다진다.
2. 프라이팬에 참기름 절반, 붉은 고추, 마늘을 넣고 중불에서 볶는다. 향이 나기 시작하면 바지락을 넣고 살짝 볶은 다음, 청주를 넣고 뚜껑을 덮어 3분 정도 푹 익힌다. 마지막으로 소금을 뿌리고 섞는다.
3. 그릇에 밥을 담고 **2**를 얹은 다음 남은 참기름을 뿌린다. 먹기 전 레몬즙을 뿌린다.

'아우'는 '황새치'라는 뜻이에요
이탈리안 스타일로 든든한 한 끼를!
아우 포케 덮밥

재료

화이트와인 … 1큰술
참기름 … 2와 1/2큰술
황새치 … 200g
적양파 … 1/2개
마늘 … 1/2톨
넘플라(피시소스) … 2작은술
그린 올리브 … 8~10알
밥 … 2공기 분량
크레송(물냉이) … 적당량

1 냄비에 물을 끓인 다음 화이트와인과 참기름을 절반씩 넣고 섞는다. 황새치를 넣고 한소끔 끓으면 불을 끄고 뚜껑을 덮은 채로 식힌다.

2 적양파는 2mm 두께로 얇게 썰어 5분 정도 물에 담갔다가 물기를 완전히 제거한다. 마늘은 다져 넘플라와 남은 참기름을 넣고 뒤적인다.

3 볼에 1.5cm 크기로 깍둑썰기한 **1**의 황새치, **2**, 올리브를 넣고 살짝 버무린다.

4 그릇에 밥을 담고 **3**을 얹은 다음 크레송을 곁들인다.

속재료가 풍성하게 들어간 하와이식 볶음밥
현미밥으로 더욱 건강하게!

아스파라거스 스팸 볶음밥

재료

감자(중) … 2개
튀김유 … 적당량
그린아스파라거스 … 4개
스팸 … 120g
양파 … 1/2개
생강 … 1/2조각
올리브 오일 … 1큰술
굴소스 … 1큰술
현미밥(또는 흰 쌀밥) … 3공기 분량
후추 … 약간

1. 감자는 깨끗하게 씻어 껍질째 6~8등분한 다음, 내열 접시에 담아 전자레인지에 2분 정도 가열한다. 수분을 제거한 다음 180℃로 가열한 튀김유에 갈색이 될 때까지 튀긴다.

2. 아스파라거스는 뿌리 쪽 딱딱한 껍질을 필러로 벗기고 1cm 길이로 썬다. 스팸과 양파는 1cm 크기로 깍둑썰기한다. 생강은 다진다.

3. 프라이팬에 올리브 오일과 생강을 넣고 중불에서 볶다가 향이 나기 시작하면 아스파라거스, 스팸, 양파를 넣고 볶는다. 재료에 윤기가 돌면 굴소스를 넣고 뒤적인 다음 배트에 옮겨 담는다.

4. 같은 프라이팬에 현미밥을 넣고 중불에서 살짝 볶다가 밥알이 고슬고슬 살아나면 **3**과 후추를 넣고 함께 볶는다. 그릇에 옮겨 담고 **1**을 곁들인다.

흰살 생선과 마카로니 샐러드를 넣은
대중적인 로컬 런치박스
흰살 생선 소테 런치박스

재료

흰살 생선
(황새치, 대구, 삼치, 도미 등) … 2토막
소금 … 약간
박력분 … 2작은술
마늘 … 1/2톨
올리브 오일 … 1작은술
후추 … 약간
화이트와인 … 2큰술
버터 … 1큰술
넘플라(피시소스) … 1작은술
현미밥(또는 흰 쌀밥) … 2공기 분량
슬라이스한 레몬 … 2장
양상추 등 좋아하는 잎채소 … 적당량
마카로니 샐러드(p. 71 참조) … 적당량

1. 흰살 생선은 소금을 뿌려 10분 정도 재운다. 키친타월 등으로 수분을 제거하고 박력분을 살짝만 묻힌다.
2. 프라이팬에 얇게 저민 마늘과 올리브 오일을 넣고 중불에서 볶다가 향이 나기 시작하면 **1**을 넣고 한쪽 면이 노릇노릇해질 때까지 굽는다. 뒤집어 후추와 화이트와인을 뿌리고 뚜껑을 덮은 다음 6분 정도 푹 익힌다. 마지막으로 버터와 넘플라를 넣고 가볍게 뒤적인다.
3. 도시락 용기에 현미밥을 담고 **2**와 레몬을 얹은 다음, 잎채소와 마카로니 샐러드를 곁들인다.

마른 새우 육수가 자꾸 생각나요
하와이의 인기 국수

사이민

Column

포인트가 되는 겨자 간장의 맛을 즐기세요

〈SHIRO'S SAIMIN HEAVEN〉같은 전문점뿐 아니라 〈맥도널드〉에서도 즐길 수 있는 사이민. 면이나 건더기에 겨자 간장을 찍어 먹거나 BBQ스테이크, 햄버거와 함께 먹는 게 일반적.

재료

「육수」
  마른 새우 … 20g
  생강 … 1/2조각
  물 … 4컵
  청주 … 1큰술
  미림 … 1큰술
  간장 … 2큰술
  소금 … 1/4작은술
  유부 … 1/2장

어묵 고명 … 적당량
중화면 … 2개
대파(송송 썬 것) … 10cm

1 육수를 낸다. 냄비에 마른 새우, 껍질째 얇게 저민 생강, 물, 청주, 미림을 넣고 중불에서 끓인다. 거품을 걷어내며 한소끔 끓이다가 약불로 줄여 15분 정도 더 끓인다. 마지막으로 간장과 소금을 넣어 맛을 조절한다.

2 기름을 제거하고 1cm 너비로 자른 유부와 7~8mm 두께로 비스듬히 썬 어묵 고명을 넣고 살짝 끓인다.

3 다른 냄비에 중화면을 포장지의 조리법대로 삶아 그릇에 옮겨 담는다. **2**를 붓고 파를 뿌린다.

사이민 육수는 오차즈케에도 잘 어울려요!
하와이안 스타일 연어 오차즈케

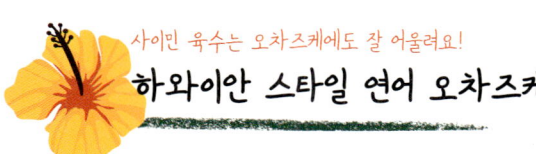

재료

생연어(필레) … 2토막
소금 … 약간
밥 … 2공기 분량
고수 … 4~5줄기
반숙 달걀 … 2개
사이민 육수(p. 24 참조) … 2컵

1. 연어는 소금을 뿌려 10분 정도 재운 다음 키친타월 등으로 수분을 제거한다. 생선 그릴에 구워 뜨거울 때 큼직하게 찢어 놓는다.
2. 그릇에 밥을 담고 1, 대충 자른 고수, 2등분한 반숙 달걀을 올리고 따끈한 사이민 육수를 붓는다.

II 든든한 아침 식사

기분 좋은 햇빛과 맑은 공기. 하루 중 아침이 가장 상쾌한 하와이에서는 모두 일찍 일어나 외출을 하기 때문에 음식점의 아침 메뉴가 알차답니다.
하와이의 권위 있는 최고의 식당 선정 항목에 '베스트 브랙퍼스트' 부문이 있을 정도예요.
에그베네딕트, 오믈렛, 프렌치토스트…
아침 식사로 뿐만 아니라, 휴일에 여유롭게 즐길 수 있는 브런치로도 추천할 만한 레시피를 소개합니다.

하와이의 브랙퍼스트는 바로 이것!
달걀을 터뜨려 소스와 함께 맛있게 드세요

에그베네딕트

재료

홀란데이즈 소스에 맞는 분량

식초 … 1작은술
달걀 … 4개
올리브 오일 … 약간
햄(두껍게 슬라이스) … 2장
감자 … 3개
튀김유 … 적당량

「홀란데이즈 소스」
  달걀 노른자 … 2개
  화이트와인 … 1큰술
  녹인 버터 … 100g
  레몬즙 … 1/3개 분량
  소금 … 1/3작은술
  후추 … 약간

잉글리시 머핀 … 2개
어린 잎 … 적당량
(있으면) 그린 올리브 … 적당량
(있으면) 카옌페퍼 … 적당량

1. 냄비에 물을 끓이다가 식초를 넣고, 볼에 깨뜨려 둔 달걀을 조심스럽게 옮겨 넣는다. 약불에서 2분 정도 삶아 수란을 만든다. 구멍 뚫린 국자 등으로 꺼내 접시에 옮겨 담는다.

2. 올리브 오일을 둘러 달군 프라이팬에 햄을 넣고 중불에서 굽는다. 양면에 살짝 탄 느낌이 들 때까지 굽는다.

3. 감자는 깨끗하게 씻어 껍질째 6~8등분한 다음, 내열 접시에 담아 전자레인지에 2분 정도 가열한다. 수분을 제거한 다음 180°C로 가열한 튀김유에 갈색이 날 때까지 튀긴다.

4. 홀란데이즈 소스를 만든다. 내열 볼에 달걀 노른자와 화이트와인을 넣고 중탕한 다음, 하얗게 크림 상태가 될 때까지 거품기로 잘 섞는다.

5. 녹인 버터를 조금씩 넣는다. 분리되지 않도록 넣을 때마다 잘 섞는다. 중탕 용기에서 내열 볼을 꺼낸 다음 레몬즙, 소금, 후추를 넣고 섞는다.

6. 잉글리시 머핀은 반으로 갈라 오븐 토스터에 알맞게 구워 접시에 담는다. 햄, 수란을 순서대로 올리고 홀란데이즈 소스 2작은술을 뿌린다. 혹시 있다면 얇게 저민 올리브를 올리고 카옌페퍼를 뿌린 다음 **3**과 어린 잎채소를 곁들인다.

memo
- 홀란데이즈 소스는 프랑스 요리에 자주 사용되는 소스로 오믈렛 같은 요리에 제격입니다. 버터는 전자레인지에 돌리면 쉽게 녹일 수 있어요. 냉동하면 1개월도 보존할 수 있답니다.
- 잉글리시 머핀 대신 좋아하는 빵을 사용해도 됩니다.

새우의 탱탱한 식감에
사르르 녹는 달걀과 소스가 맛있게 어울려요!

새우 에그베네딕트

재료

식초 … 1작은술
달걀 … 2개
파프리카 … 1/2개
오이 … 1/2개

「피클물」
   식초 … 2큰술
   설탕 … 2작은술
   소금 … 1/2작은술
   물 … 2큰술

새우(블랙타이거 등) … 8미
소금 … 약간
화이트와인 … 1큰술
홀란데이즈 소스 … 4큰술
딜 … 4장
바게트 빵 … 4cm
좋아하는 잎채소 … 적당량

1. 냄비에 물을 끓이다가 식초를 넣고, 볼에 깨뜨려 둔 달걀을 조심스럽게 옮겨 넣는다. 약불에서 2분 정도 삶아 수란을 만든다. 구멍 뚫린 국자 등으로 꺼내 접시에 옮겨 담는다.

2. 파프리카는 7~8mm 굵기로 길게 채썬다. 오이는 대충 썬다. 이 둘을 피클물에 담궈 10분에서 하룻밤 재운다.

3. 새우는 껍질을 벗기고 등의 내장을 제거한 다음 소금을 뿌려 조물조물 씻어 수분을 제거한다. 냄비에 물을 끓이다가 화이트와인, 새우를 순서대로 넣고 한소끔 끓인다. 불을 끄고 뚜껑을 덮은 다음 잔열로 익히다가 그 상태로 식힌다.

4. 홀란데이즈 소스에 잘게 썬 딜을 넣고 섞는다.

5. 그릇에 1cm로 두께로 썰어 오븐 토스터에 바삭하게 구운 바게트를 담는다. 새우와 수란을 순서대로 올리고 4를 뿌린다. 2와 준비한 잎채소를 곁들인다.

memo

홀란데이즈 소스 만드는 법은 「에그베네딕트」(p.26)의 만드는 법 4~5를 참조하세요.

Column

에그베네딕트도 다양하게 즐길 수 있어요

에그베네딕트로 유명한 식당은 〈HAU TREE LANAI〉. 크랩 케이크, 콘 비프 해쉬, 시금치 소테와 토마토를 넣은 에그베네딕트도 인기랍니다.

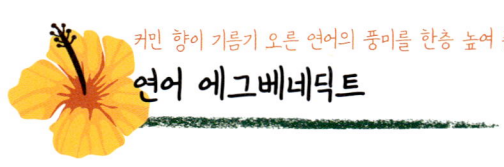

커민 향이 기름기 오른 연어의 풍미를 한층 높여 줘요
연어 에그베네딕트

재료

적양파 … 1/2개
식초 … 1작은술
달걀 … 2개
생연어(필레) … 2토막
소금·후추 … 조금씩
올리브 오일 … 약간
홀란데이즈 소스 … 4큰술
커민 파우더 … 1/2작은술
식빵 … 4장
홀그레인 머스터드 … 2작은술
좋아하는 잎채소 … 적당량

1 적양파는 2mm 두께로 얇게 썰어 5분 정도 물에 담갔다가 물기를 완전히 제거한다.
2 냄비에 물을 끓이다가 식초를 넣고, 볼에 깨뜨려 둔 달걀을 조심스럽게 옮겨 넣는다. 약불에서 2분 정도 삶아 수란을 만든다. 구멍 뚫린 국자 등으로 꺼내 접시에 옮겨 담는다.
3 연어는 소금, 후추를 뿌려둔다. 프라이팬에 올리브 오일을 두르고 달궈 중불에서 연어를 굽다가 한쪽 면이 노릇노릇해지면 뒤집는다. 프라이팬의 기름은 키친타월로 닦아내며 속까지 익힌다.
4 홀란데이즈 소스에 커민 파우더를 넣고 섞는다.
5 오븐 토스터에 바삭하게 구워 홀그레인 머스터드를 바른 식빵을 접시에 놓고, 연어와 수란을 올린다. **4**를 뿌리고 적양파와 준비한 잎채소를 곁들인다.

memo
홀란데이즈 소스 만드는 법은 「에그베네딕트」(p.26)의 만드는 법 **4~5**를 참조하세요.

Omelet

촉촉한 오믈렛 안에는 더 촉촉한 치즈가!
시금치 치즈 오믈렛

재료

시금치 … 1/2단
프로세스 치즈 … 60g
감자 … 2개
튀김유 … 적당량
달걀 … 4개
우유 … 1큰술
소금 … 1/2작은술
후추 … 약간
올리브 오일 … 1작은술
버터 … 1큰술
식빵 … 1장

1 시금치는 소금을 넣어 살짝 데친 뒤 물기를 꼭 짜서 2cm 길이로 썬다. 프로세스 치즈는 1cm 크기로 깍둑썰기한다.

2 감자는 깨끗하게 씻어 껍질째 6~8등분한 다음, 내열 접시에 놓고 전자레인지에 2분 정도 가열한다. 수분을 제거한 다음 180℃로 가열한 튀김유에 갈색이 날 때까지 튀긴다.

3 볼에 달걀, 우유, 소금, 후추를 넣고 긴 젓가락 등으로 골고루 섞는다.

4 프라이팬에 올리브 오일을 반술만 넣고 중불에서 달군 다음, **3**을 모두 천천히 붓고 잠깐 두었다가 긴 젓가락으로 2~3번 휘저어 둥글게 펼친다. 표면이 반숙 상태가 되면 시금치와 프로세스 치즈를 각각 반씩 얹고 달걀을 바깥에서 안쪽으로 접어 반원형으로 만든다.

5 프라이팬의 빈 공간에 버터를 반만 넣고 녹이면서 오믈렛에 골고루 입힌다. 다른 하나도 같은 방법으로 만든다.

6 접시에 담고 오븐 토스터에 바삭하게 구워 4등분한 식빵과 **2**를 곁들인다.

버섯이 포인트
새콤한 토마토로 산뜻하게

토마토 양송이 오믈렛

재료

토마토(중) … 1개
양송이 … 4개
루콜라 … 60g
앤초비(필레) … 4조각
달걀 … 4개
우유 … 1/2큰술
소금·후추 … 조금씩
올리브 오일 … 1큰술
버터 … 1큰술

1. 토마토는 1cm 크기로 깍둑썰기한다. 양송이는 기둥을 따고 5mm 두께로 얇게 썬다. 루콜라는 길이를 반으로 자른다. 앤초비는 다진다.

2. 볼에 앤초비, 달걀, 우유, 소금·후추를 넣고 긴 젓가락으로 골고루 젓는다.

3. 프라이팬에 올리브 오일을 반술만 넣고 달군 다음, 토마토와 양송이를 각각 반씩 넣고 중불에서 살짝 볶는다.
2를 반만 천천히 붓고 잠시 두었다가 긴 젓가락으로 잘 섞어 안쪽으로 모아둔다. 프라이팬의 빈 공간에 버터를 반만 넣고 녹이면서 오믈렛에 골고루 입힌다. 다른 하나도 같은 방법으로 만든다. 접시에 담고 루콜라를 곁들인다.

memo
굽는 정도는 기호에 맞춰 조절하세요. 「시금치 치즈 오믈렛」(p.33)처럼 재료를 끼워 넣는 방법도 괜찮답니다.

이번 요리는 풍성한 식감과 맛!
휴일의 브런치로도 제격이죠

소시지 감자치즈 오믈렛

재료

감자(중) … 1개
소시지 … 4개
양파 … 1/4개
체다치즈 … 40g
달걀 … 4개
우유 … 1큰술
후추 … 약간
올리브 오일 … 1큰술

1 감자는 껍질을 벗겨 6~8mm 두께로 반달썰기 한다. 내열 접시에 놓고 랩을 씌워 전자레인지에 1분 30초 정도 가열한 다음 식힌다.

2 소시지는 7~8mm 두께로 동그랗게 썬다. 양파는 1cm 크기로 네모나게 썬다. 체다치즈는 강판에 간다.

3 볼에 감자와 소시지, 양파, 체다치즈, 달걀, 우유, 후추를 넣고 젓가락으로 잘 섞는다.

4 자그마한 프라이팬에 올리브 오일을 둘러 달군 다음, 3을 붓고 잠시 두었다가 젓가락으로 섞으며 익힌다. 표면이 반숙이 되면 약불로 조절해 뚜껑을 덮고 5분 정도 찐다.

5 그릇에 담고 기호에 맞춰 후추(분량 외)를 뿌린다.

하와이를 제대로 느낄 수 있는 맛
새콤달콤함의 조화를 즐겨요!

파인애플 코코넛 프렌치토스트

재료

파인애플 … 1/4개
달걀 … 1개
코코넛밀크 … 1/2컵
우유 … 1/4컵
꿀 … 1큰술
식빵 … 2장
버터 … 2큰술

1 파인애플의 반은 껍질을 벗기고 칼로 잘게 잘라 거의 페이스트 상태로 만든다. 달걀, 코코넛밀크, 우유, 꿀과 함께 배트 같은 용기에 담아 골고루 잘 섞는다.
2 식빵은 세모꼴로 2등분해 1에 5분 정도 담가둔다.
3 프라이팬에 버터를 넣고 약불에서 녹인 다음, 가볍게 수분을 털어낸 2를 넣고 양면에 짙은 갈색이 날 때까지 중불에서 굽는다.
4 접시에 담고 남은 파인애플을 먹기 좋은 크기로 잘라 곁들인다.

폭신폭신 스위트브레드로 프렌치토스트를!
하와이의 프렌치토스트는 두껍게 썬 스위트브레드를 사용한답니다. 포르투갈 이민자들이 전파한 은은한 단맛의 폭신폭신한 빵이에요. 없을 때는 식빵도 OK.

French Toast

아침의 한 그릇 메뉴로 제격인
식사용 프렌치토스트 세트

소시지 스크램블드에그 프렌치토스트

재료

「프렌치토스트」
　달걀 … 2개
　우유 … 1/2컵
　설탕 … 1/2작은술
　소금 … 약간
　식빵 … 2장
　버터 … 1큰술

양파 … 1/2개
소시지 … 6~8개
올리브 오일 … 약간
소금·후추 … 조금씩

「스크램블드에그」
　달걀 … 2개
　우유 … 1큰술
　소금·후추 … 조금씩
　올리브 오일 … 1작은술

좋아하는 잎채소 … 적당량

1. 프렌치토스트 만들 밑준비를 한다. 배트에 달걀, 우유, 설탕, 소금을 한데 섞고, 세모꼴로 2등분한 식빵을 2분 정도 담가둔다.

2. 양파는 사방 1cm 크기로 자른다. 소시지는 2~3 군데 어슷하게 칼집을 넣는다. 올리브 오일을 둘러 달군 프라이팬에 양파와 소시지를 넣고 중불에서 볶는다. 소금, 후추를 뿌리고 그릇에 담는다.

3. 스크램블드에그를 만든다. 볼에 달걀, 우유, 소금, 후추를 넣고 긴 젓가락으로 잘 섞는다.

4. 올리브 오일을 둘러 달군 프라이팬에 3을 넣고 중불에서 익히다가 테두리가 익기 시작하면 젓가락으로 크게 젓는다. 반숙 상태일 때 바로 접시에 담는다.

5. 프렌치토스트를 굽는다. 살짝 씻어 물기를 제거한 프라이팬에 버터를 넣고 약불에서 녹인다. 가볍게 수분을 털어낸 1을 넣고 양면에 짙은 갈색이 날 때까지 중불에서 굽는다. 접시에 담고 준비한 잎채소를 곁들인다.

하와이의 명물들은 궁합도 최고!
시나몬으로 끝 맛을 산뜻하게

시나몬을 뿌린 바나나 마카다미아 프렌치토스트

재료

달걀 … 2개
우유 … 1/2컵
설탕 … 1/2작은술
소금 … 약간
식빵(있으면 검은 빵) … 2장
바나나 … 2개
생크림 … 1/2컵
버터 … 1큰술
시나몬 파우더 … 약간
마카다미아(또는 아몬드, 호두 등) … 15알

1 배트에 달걀, 우유, 설탕, 소금을 한데 섞고, 세모꼴로 2등분한 식빵을 2분 정도 담가둔다. 바나나는 1cm 두께로 동그랗게 자른다.

2 휘핑크림을 만든다. 볼에 생크림을 넣고 볼 바닥을 얼음물에 담근다. 거품기로 부드러운 거품이 만들어질 때까지 젓는다.

3 프라이팬에 버터를 넣고 약불에서 녹인다. 가볍게 수분을 털어낸 **1**을 넣고 양면에 짙은 갈색이 날 때까지 중불에서 굽는다.

4 접시에 담고 바나나와 **2**를 얹는다. 시나몬 파우더, 살짝 으깬 마카다미아 순으로 뿌린다.

III 색다른 햄버거, 샌드위치, 주먹밥

〈Teddy's Bigger Burgers〉나 〈Honolulu Burger Co.〉 등에서 맛볼 수 있는 풍부한 육즙에 볼륨감 만점인 햄버거는 하와이의 명물 중 하나예요. 하와이산 참치와 채소를 듬뿍 넣은 샌드위치도 평범한 식사 메뉴랍니다. 그리고 일본계 하와이안들의 아이디어로 탄생한 스팸주먹밥. 런치나 가벼운 한 끼로 빼놓을 수 없는 로컬 푸드죠. 크게 한입 베어 먹고 싶어지는 하와이의 호쾌한 맛! 함께 즐겨보세요.

볼륨감 만점!
고기를 더욱 맛있게 해주는 소스

BBQ버거

재료

「패티」
　빵가루 … 2큰술
　우유 … 2큰술
　양파(중) … 1개
　올리브 오일a … 약간
　소금·후추 … 조금씩
　쇠고기와 돼지고기 간 것 … 200g
　토마토케첩 … 1큰술
　달걀 푼 것 … 1개 분량
　레드와인 … 1큰술
　소금 … 1/2 작은술
　후추 … 약간
　올리브 오일b … 약간

햄버거 빵 … 2개
버터 … 약간
머스터드 … 약간
토마토(1cm 두께로 썬 것) … 2장
상추 … 3~4장

「BBQ 소스」
　중농 소스(또는 돈가스 소스) … 1큰술
　토마토케첩 … 1큰술
　간장 … 1/3작은술

1　패티를 만든다. 볼에 빵가루와 우유를 넣고 재운다.

2　양파는 1cm 두께로 2장을 슬라이스하고 남은 부분은 잘게 다진다. 올리브 오일a을 둘러 달군 프라이팬에 각각 중불에서 투명해질 때까지 익힌다(둥글게 썬 것은 모양이 흐트러지지 않도록 주의). 소금, 후추를 뿌리고 다른 그릇에 옮겨 식힌다.

3　볼에 고기 간 것, 2의 양파 다진 것, 토마토케첩, 달걀 푼 것, 레드와인, 소금, 후추를 넣고 손으로 치댄다. 점성이 생기면 2등분하여 지름 10cm 크기로 동글납작하게 빚는다.

4　올리브 오일b을 둘러 달군 프라이팬에 3을 넣고 한쪽 면에 살짝 탄 느낌이 들 때까지 중불로 굽는다. 뒤집어 뚜껑을 덮고 약불에서 7분 정도 속까지 충분히 익힌다.

5　햄버거 빵은 반으로 갈라 오븐 토스터에 살짝 구운 다음, 하얀 면에 버터와 머스터드를 바른다. 한쪽 빵에 상추와 패티, 2의 슬라이스한 양파, 토마토를 준비한 양의 반씩만 순서대로 올리고 잘 섞은 BBQ소스를 뿌린 다음 뚜껑 빵을 덮는다. 다른 하나도 같은 방법으로 만든다.

Column

햄버거는 소고기? 유니크한 햄버거를 즐겨보세요!
로코모코나 그릴에 구운 참치, 바닷가재와 게 패티를 끼운 것 등, 하와이에서는 다양한 햄버거를 즐길 수 있어요. 사이드 메뉴로는 감자튀김은 물론 고구마튀김도 인기랍니다.

산뜻하고 건강한 맛
포만감도 최고예요!

아보카도 두부 버거

재료

「패티」
- 부침용 두부 … 1/2모(150g)
- 양파 … 1/2개
- 올리브 오일a … 약간
- 닭고기 간 것 … 100g
- 달걀 푼 것 … 1개 분량
- 생강(간 것) … 1조각
- 청주 … 2작은술
- 소금 … 1작은술
- 후추 … 약간
- 올리브 오일b … 약간

- 아보카도 … 1/2개
- 레몬즙 … 약간
- 햄버거 빵 … 2개
- 마요네즈 … 약간
- 어린 잎 … 적당량

1. 패티를 만든다. 두부는 물을 꼭 짠다. 양파는 다진다. 올리브 오일a을 둘러 달군 프라이팬에서 중불로 볶다가 투명해지면 다른 그릇에 옮겨 담아 식힌다.

2. 볼에 닭고기 간 것, 두부, 달걀 푼 것, 양파, 생강, 청주, 소금, 후추를 넣고 손으로 치댄다. 점성이 생기면 4등분하여 지름 5cm 크기로 동글납작하게 빚는다.

3. 올리브 오일b을 둘러 달군 프라이팬에 2를 넣고 한쪽 면에 살짝 탄 느낌이 들 때까지 중불로 굽는다. 뒤집어 뚜껑을 덮고 약불에서 5분 정도 속까지 충분히 익힌다.

4. 아보카도는 씨와 껍질을 제거하고 가로로 7~8mm 두께로 슬라이스한 다음 레몬즙을 뿌린다.

5. 햄버거 빵은 반으로 갈라 오븐 토스터에 살짝 구운 다음, 하얀 면에 마요네즈를 바른다. 한쪽 빵에 어린 잎, 아보카도, 패티를 준비한 양의 반씩만 올리고 뚜껑 빵을 덮는다. 기호에 따라 감자튀김(분량 외)을 곁들인다.

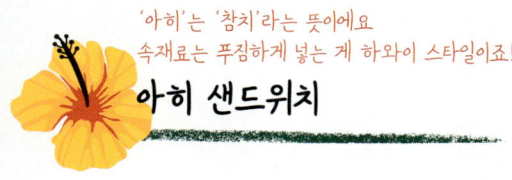

'아히'는 '참치'라는 뜻이에요
속재료는 푸짐하게 넣는 게 하와이 스타일이죠!

아히 샌드위치

재료

적양파 … 1/2개
참치캔 … 2캔(약 150g)
간장 … 1작은술
마요네즈 … 2큰술
플레인 요구르트(무가당) … 1작은술
후추 … 적당량
핫도그 빵, 바게트 등 길쭉한 빵 … 2개
올리브 오일 … 약간
알팔파(자주개자리) … 50g
레몬 … 1/4개

1 적양파는 2mm 두께로 얇게 썰어 물에 5분 정도 담갔다가 수분을 제거한다.

2 내열 접시에 국물을 꼭 짠 참치와 간장을 넣고 섞은 다음, 오븐 토스터에 표면이 살짝 노릇노릇해질 만큼만 5분 정도 굽는다.

3 마요네즈, 플레인 요구르트, 후추(약간 넉넉히 넣는 게 좋아요)를 넣고 섞는다.

4 빵에 칼집을 깊게 넣어 가르고 안에 올리브 오일을 발라 살짝 굽는다. 알팔파, 적양파, **3**을 준비한 양의 반씩만 순서대로 쌓는다. 다른 하나도 같은 방법으로 만든다.

5 먹기 전에 반달 썰기한 레몬의 즙을 뿌린다. 기호에 따라 상추나 포테이토칩(둘 다 분량 외)을 곁들인다.

Ahi Sandwich

하와이 요리에서 칼루아포크가 빠질 수 없죠!
새콤한 맛을 살린 양배추와 절묘한 조화

칼루아포크 양배추 샌드위치

재료

칼루아포크 … 150g
화이트와인(또는 청주) … 1/4컵
적양파 … 1/3개
양배추 … 150g
소금 … 1/2작은술

「A」
  올리브 오일 … 2작은술
  화이트와인 비네거(또는 식초) … 2작은술
  소금 … 1/3작은술
  후추 … 약간

식빵 … 4장
머스터드 … 2작은술
코티지치즈 … 3큰술

1 냄비에 칼루아포크와 잠길 만큼의 물, 화이트와인을 넣고 중불에서 끓인다. 끓어오르면 약불로 줄이고 부드러워질 때까지 50분 정도 더 삶는다. 냄비에서 꺼내 따뜻할 때 결을 따라 포크로 가늘게 찢는다.

2 적양파는 2mm 두께로 얇게 썰어 5분 정도 물에 담갔다가 물기를 완전히 제거한다.

3 양배추는 채를 썰어 소금을 뿌리고 조물조물한 다음 물기를 꼭 짜 「A」로 잘 버무린다.

4 오븐 토스터에 살짝 구운 식빵 한쪽에 머스터드와 코티지치즈를 바르고 양배추, 칼루아포크, 적양파를 준비한 양의 반씩만 넣고 뚜껑 빵을 덮는다. 다른 하나도 같은 방법으로 만든다.

memo

칼루아포크는 돼지고기 어깨살(또는 목살) 150g에 소금 1/2큰술을 문질러 스미게 하고 랩으로 감싸 냉장고에 1~2일 넣어두면 완성. 냉장상태에서 1주일, 냉동 상태에서 1개월 정도 보관 가능해요. 하와이 전통 방식과는 약간 차이가 있지만, 비슷한 맛을 즐길 수 있어요.

Column

고대 하와이안들도 즐겨 먹던 전통요리 칼루아포크

고대 하와이에서 의식에 사용하던 칼루아포크는 바나나잎 등으로 감싼 돼지고기를 땅 속의 가마에서 찐 다음 가늘게 찢은 요리예요. 요즘은 일반 가정에서도 친숙한 요리랍니다.

고기는 전혀 사용하지 않았어요
아보카도와 병아리콩 페이스트만으로 대만족!

병아리콩 샌드위치

재료

당근 … 1/3개
소금 … 약간

「A」
  병아리콩 삶은 것(통조림) … 100g
  참깨 페이스트 … 1/2큰술
  마늘 … 1/2톨
  올리브 오일 … 1/4컵
  소금 … 1/2작은술
  후추 … 약간

아보카도 … 1/2개
올리브 오일a … 약간
레몬즙 … 1/4개 분량
소금·후추 … 조금씩
핫도그 빵, 바게트 등 길쭉한 빵 … 2개
올리브 오일b … 약간
방울양배추 … 적당량

1. 당근은 굵직하게 채 썬 다음 소금을 뿌려 5분 정도 재운다. 숨이 죽으면 물기를 짠다.
2. 믹서에 「A」를 넣고 으깨질 때까지 간다 (또는 절구에 넣고 찧는다).
3. 아보카도는 씨와 껍질을 제거한다. 볼에 넣고 포크로 으깬 다음 올리브 오일a, 레몬즙, 소금·후추를 넣고 섞는다.
4. 빵에 칼집을 깊게 넣어 가르고 안에 올리브 오일b을 발라 살짝 굽는다. 2, 3, 당근, 방울양배추를 순서대로 반씩만 넣는다. 다른 하나도 같은 방법으로 만든다.

친숙한 재료에 요구르트로 포인트를
파슬리 달걀 간단 샌드위치

재료

파슬리 … 4줄기
적양파 … 1/3개
삶은 달걀 … 3개

「A」
　마요네즈 … 2큰술
　플레인 요구르트(무가당) … 1작은술
　소금·후추 … 조금씩

버터 … 약간
식빵 … 4장

1　파슬리는 다진다. 적양파는 다져 물에
　 5분 정도 담갔다가 물기를 꼭 짠 다음,
　 키친타월 등으로 수분을 충분히
　 제거한다.

2　볼에 삶은 달걀을 넣고 포크로 으깬
　 다음 1과 「A」를 넣고 섞는다.

3　식빵 한쪽에 버터를 바르고 2를 반만
　 올린 다음 뚜껑 빵을 덮는다.
　 다른 하나도 같은 방법으로 만든다.

겹겹이 쌓인 로스트비프와 채소의 즐거운 식감!
로스트비프 핫샌드위치

재료

로스트비프(시판) … 100g

「A」
　올리브 오일 … 1작은술
　발사믹식초 … 1작은술
　간장 … 1작은술
　소금·후추 … 조금씩

양파 … 1/3개
식빵 … 4장
올리브 오일 … 약간
홀그레인 머스터드 … 2작은술
로메인 상추 … 3~4장
크레송(물냉이) … 6~7줄기

1 볼에 로스트비프와 「A」를 넣고 버무린다.

2 양파는 2mm 두께로 얇게 썰어 5분 정도 물에 담갔다가 키친타월 등으로 물기를 제거한다.

3 식빵은 속을 넣을 부분에 올리브 오일을 발라 오븐 토스터에 살짝 굽는다. 다시 머스터드를 바르고 로메인 상추, 로스트비프, 양파를 순서대로 반씩만 넣고 뚜껑 빵을 덮는다.
다른 하나도 같은 방법으로 만든다.

Spam Musubi

일본계 이민자들이 전파한 주먹밥
스팸과 만나 지금은 인기 요리가 되었어요!

스팸주먹밥

재료

스팸(캔) … 2cm 두께
밥 … 2공기 분량보다 조금 적게
소금 … 약간
구운 김 … 적당량

1 스팸은 1cm 두께로 썬다. 프라이팬을 달군 다음 중불에서 양면이 노릇노릇해질 때까지 굽는다.
2 밥에 소금을 넣고 잘 섞어 2등분한 다음, 각각 스팸 크기의 타원형으로 만든다.
3 밥 위에 스팸을 얹고 3cm 폭의 길게 자른 구운 김으로 감싼다.

다양하게 변신 가능
달걀의 부드러운 식감이 자꾸 생각나요!
달걀과 후리카케 스팸주먹밥

재료

스팸(캔) … 2cm 두께

「달걀 부침」
   달걀 … 1개
   우유 … 1작은술
   소금 … 약간
   참기름 … 약간

밥 … 2공기 분량보다 조금 적게
볶은 참깨 … 1큰술
파래가루 … 1작은술
소금 … 약간
구운 김 … 적당량

1 스팸을 1cm 두께로 썬다. 프라이팬을 달군 다음 중불에서 양면이 노릇노릇해질 때까지 굽는다.

2 달걀, 우유, 소금을 섞은 다음 참기름을 둘러 중불에서 달군 달걀말이용 팬에 흘려넣은 다음 양면을 굽는다. 얄팍하게 골고루 잘 익힌다.

3 볼에 밥, 볶은 참깨, 파래, 소금을 넣고 섞는다. 2등분한 다음, 각각 스팸 크기의 타원형으로 만든다.

4 밥 위에 스팸 크기로 자른 김과 달걀, 스팸을 순서대로 얹고 볶음 참깨(분량 외)를 뿌린다.

볶은 참깨, 파래, 소금 대신 시판하는 좋아하는 맛의 후리카케로 대신해도 OK.

생선파에게 어울리는 주먹밥
풍미 가득한 현미밥이 잘 어울려요

연어와 단무지 현미주먹밥

재료

생연어(필레) … 1토막
소금a … 약간
현미밥 … 2공기 분량보다 조금 적게
단무지 … 40g
볶은 흑임자 … 1큰술
소금b … 약간
구운 김 … 적당량

1. 연어는 소금a을 뿌려 10분 정도 재운 다음 키친타월로 수분을 제거한다. 생선 그릴에 구워 반으로 자른다.

2. 볼에 현미밥, 잘게 썬 단무지, 흑임자, 소금b을 넣고 잘 섞는다. 2등분한 다음 각각 큼직하게 타원형으로 만든다.

3. 1cm 폭의 길게 자른 구운 김으로 밥을 감싼 다음 1을 얹고 흑임자를 약간(분량 외) 뿌린다.

Column

하와이의 스팸 소비량은 미국 내에서 1위일 정도로 인기

〈7-ELEVEN〉이나 〈ABC STORES〉 등 하와이의 편의점에서도 항상 만날 수 있는 스팸주먹밥. 소시지, 모치코 치킨, 새우 튀김 등을 얹은 이색 주먹밥도 많아요.

IV 사랑스러운 메인 메뉴

하와이의 유명 로컬 푸드를 말할 때 빼놓을 수 없는 갈릭 슈림프, 모치코 치킨, 칼루아포크, BBQ비프, 생선 튀김 등 고기와 생선의 다양하고 호쾌한 메뉴를 소개합니다.
밥이나 마카로니 샐러드와 함께 큰 접시에 담아내면 어른도 아이도 한 그릇 뚝딱. 가족 모두 즐거운 식사하세요.

마늘향 가득한 새우 튀김
더운 계절에 제격인 스테미너 요리죠!

갈릭 슈림프

재료

새우(블랙타이거 등) … 12미
마늘(저민 것) … 1톨
생강(저민 것) … 1조각
코코넛밀크 … 1/2컵
화이트와인(또는 청주) … 2큰술
소금 … 1작은술
후추 … 약간
올리브 오일 … 적당량

1. 새우는 소금을 적당량(분량 외) 뿌리고 문질러 씻은 다음 흐르는 물에 깨끗하게 씻는다. 껍질째 등에 길게 칼집을 넣어 내장도 제거한다.

2. 볼에 새우, 마늘, 생강, 코코넛밀크, 화이트와인, 소금, 후추를 넣고 골고루 버무린 다음 1시간에서 하룻밤 정도 냉장고에 넣어둔다.

3. 프라이팬에 올리브 오일을 1~2cm 깊이로 넣고 중불에서 달군다. 가볍게 수분을 제거한 2를 넣어 살짝 튀겨낸다. 새우의 색이 변하면 꺼내 접시에 담고 기호에 따라 밥이나 「마카로니 샐러드」(p.71)를 곁들인다.

Column

맛있는 새우의 바다, 노스쇼어의 명물 요리

갈릭 슈림프는 새우 양식장이 즐비한 노스쇼어 카후쿠 지역의 명물. 〈ROMY'S〉 〈GIOVANN'S〉 〈FUMIS〉 등 유명 새우 트럭은 언제나 관광객들로 붐빕니다.

상큼한 풍미의 색다른 메뉴
화이트와인과 잘 어울려요

버터레몬 갈릭 슈림프

재료

「갈릭 슈림프」
　새우(블랙타이거 등) … 12미
　마늘(저민 것) … 1톨
　생강(저민 것) … 1조각
　코코넛밀크 … 1/2컵
　화이트와인(또는 청주) … 2큰술
　소금 … 1작은술
　후추 … 약간
　올리브 오일 … 적당량

버터 … 2큰술
레몬(슬라이스) … 1/2개
파슬리(다진 것) … 4줄기

1 「갈릭 슈림프」(p.52)를 만든다.
2 프라이팬에 버터와 레몬을 넣고 약불에서 가열하다가 버터가 녹으면 1을 넣고 중불에서 함께 볶는다. 파슬리를 뿌리고 가볍게 버무린다.

매콤한 그 맛이 자꾸 생각나요!
밥 반찬으로도 훌륭하답니다

칠리 갈릭 슈림프

재료

「갈릭 슈림프」
　새우(블랙타이거 등) … 12미
　마늘(저민 것) … 1톨
　생강(저민 것) … 1조각
　코코넛밀크 … 1/2컵
　화이트와인(또는 청주) … 2큰술
　소금 … 1작은술
　후추 … 약간
　올리브 오일 … 적당량

「A」
　두반장 … 2작은술
　토마토케첩 … 1큰술
　청주 … 1큰술
　달걀 푼 것 … 1개 분량

1 「갈릭 슈림프」(p.52)를 만든다.
2 중불에서 달군 프라이팬에 「A」를 넣고 잘 섞으며 익힌다. 달걀이 반숙 상태가 되면 1을 넣고 살짝 볶아낸다.

Column

손으로 집어먹는 씨푸드를 즐기는 로컬들

하와이에서는 뜨거운 씨푸드를 손으로 먹는 레스토랑이 유행 중. 마늘이나 매콤한 향신료로 맛을 낸 새우나 게 등의 어패류는 중독성 있는 맛이랍니다.

칼루아포크는 만들어두면 편리해요
우려낸 국물은 그 자체로도 일미랍니다!

칼루아포크 크레송 수프

재료

다시마 … 사방 5cm 1장
양파 … 1/2개
마늘 … 1톨
생강 … 1조각
크레송(물냉이) … 2묶음(약 100g)
물 … 3과 1/2컵
칼루아포크 … 250g
화이트와인(또는 청주) … 70cc
간장 … 1/2작은술
소금·후추 … 조금씩

1 다시마는 주방용 가위로 군데군데 가위집을 낸다. 양파와 마늘은 얇게 저민다. 생강은 껍질째 얇게 저민다. 크레송은 1cm 길이로 썬다.

2 냄비에 다시마, 양파, 마늘, 생강, 물을 넣고 중불에서 끓이다가 한소끔 끓어오르면 칼루아포크와 화이트와인을 넣는다. 거품을 걷어내면서 다시 한소끔 끓인 다음 약불로 줄여 40분 정도 더 삶는다. 육수가 칼루아포크를 덮을 정도를 유지하도록 물을 보충해가며 끓인다.

3 간장, 소금·후추를 넣어 간을 조절한다. 칼루아포크를 꺼내 먹기 좋은 크기로 자른다. 모두 그릇에 옮겨 담고 크레송을 곁들인다.

칼루아포크 만드는 법

돼지고기 어깨살(또는 목살) 250g에 소금 1큰술을 문질러 스미게 하고 랩으로 감싸 냉장고에 1~2일 넣어두면 완성. 냉장 상태에서 1주일, 냉동 상태에서 1개월 정도 보관 가능해요.

고기의 맛있는 맛을 야무지게 응축해줘요!
맛있는 육즙까지 놓치지 않죠

칼루아포크 양배추말이찜

재료

생강 … 1조각
마늘 … 1톨
양배추 잎(큰 걸로) … 6~7장
칼루아포크 … 250g

1 생강과 마늘은 얇게 저민다.

2 냄비에 물을 끓이다가 양배추 잎을 넣고 1분 정도 데친다. 살짝 숨이 죽으면 소쿠리에 건져 식힌다.

3 양배추 잎 1장에 칼루아포크를 얹고 생강과 마늘을 넣은 다음 남은 양배추 잎을 겹쳐 돌돌 만다. 굵은 실로 단단히 묶는다.

4 내열 접시나 오븐 시트에 담아 김이 오른 찜기에 넣고 중불에서 40분 정도 찐다. 먹기 좋은 크기로 썬다.

밥과의 궁합도 환상이에요
채소를 곁들이면 완벽한 메뉴로 변신

칼루아포크 양상추 레몬라이스

재료

칼루아포크 … 150g
화이트와인(또는 청주) … 1/4컵

「A」
  사탕무 설탕(또는 흰설탕) … 1/2작은술
  마늘(저민 것) … 1/2톨
  넘플라(피시소스) … 1작은술
  식초 … 1작은술

쌀 … 1홉
레몬(슬라이스) … 2장
올리브 오일 … 1작은술
물 … 1컵
소금 … 1/4작은술
양상추 … 1/3개
아몬드 … 8알
후추 … 적당량

1. 냄비에 칼루아포크와 잠길 만큼의 물, 화이트와인을 넣고 중불에서 끓인다. 끓어오르면 약불로 줄이고 부드러워질 때까지 50분 정도 더 삶는다. 냄비에서 꺼내 따뜻할 때 포크로 결을 따라 가늘게 찢어 「A」를 넣고 잘 버무린다.

2. 냄비에 씻은 쌀, 레몬, 올리브 오일, 물, 소금을 넣고 뚜껑을 덮은 다음 강한 불로 가열한다. 끓어오르면 약불로 줄이고 10분 정도 더 끓인다. 불을 끄고 15분 정도 뜸을 들인다.

3. 접시에 2와 1을 담고 손으로 찢은 양상추를 곁들인다. 대충 부순 아몬드와 후추를 뿌린다.

Mochiko Chicken

찹쌀가루로 만든 명물 프라이드 치킨이랍니다
바삭바삭한 식감에 중독될지도 몰라요!

모치코 치킨

재료

닭다리살 … 200g

「A」
　미림 … 1큰술
　간장 … 1작은술

물 … 3~4큰술
모치코(찹쌀가루) … 1/2컵
튀김유 … 적당량

1　닭다리살은 먹기 좋은 크기로 잘라 「A」를 넣고 주물러 5분 정도 재운다.
2　튀기기 직전에 물에 갠 모치코를 뿌려 골고루 버무린다.
3　튀김유를 넣어 170°C로 가열한 냄비에 **2**를 넣고 갈색이 돌 때까지 튀긴다. 망에 건져 기름을 뺀다.
4　그릇에 담고, (있으면) 좋아하는 잎채소 적당량(분량 외)을 곁들인다.

모치코를 구하기 어렵다면 이와 비슷한 찹쌀가루를 사용하면 돼요.

일본풍 양념이 매력적이죠
도시락에 잘 어울려요

파래와 치즈 모치코 치킨

재료

닭다리살 … 200g

「A」
 미림 … 1큰술
 간장 … 1작은술

물 … 3~4큰술
모치코(찹쌀가루) … 1/2컵
파래가루 … 2큰술
가루 치즈 … 2큰술
레몬 … 1/4개

1 닭다리살은 먹기 좋은 크기로 잘라 「A」를 넣고 주물러 5분 정도 재운다.

2 튀기기 직전에 물에 갠 모치코에 파래가루와 가루 치즈를 넣어 잘 섞은 것을 뿌리고 골고루 버무린다.

3 튀김유를 넣어 170°C로 가열한 냄비에 2를 넣고 갈색이 날 때까지 튀긴다. 망에 건져 기름을 뺀다.

4 그릇에 담고 먹기 전에 레몬즙을 뿌린다.

Column

하와이 런치의 단골 메뉴, 치킨

얇고 바삭바삭한 치킨카츠, 매콤달콤한 소스로 먹음직스럽게 구운 BBQ치킨. 간장과 생강을 넣어 조리한 간장치킨. 우리 입맛에 맞는 반찬 같은 요리가 가득하답니다!

'칼라마리'는 오징어와 비슷해요
감자튀김과 쌍벽을 이루는 인기 메뉴랍니다

칼라마리 프리토

재료

화살오징어 … 2마리
달걀 … 1개
박력분 … 1/2컵
소금 … 1/2작은술
우유 … 1~2큰술
튀김유 … 적당량
소금 … 약간
(있으면) 민트 … 적당량

1 오징어는 내장과 연골을 제거한다. 몸통은 1cm 두께의 링 모양으로, 다리는 큼직하게 썬다.

2 볼에 달걀, 박력분, 소금을 넣고 젓가락으로 잘 섞은 다음, 우유를 넣어가며 천천히 떨어질 정도의 농도로 조절한다.

3 **1**에 박력분(분량 외)을 살짝 뿌린 다음 **2**에 버무린다.

4 튀김유를 넣어 180°C로 가열한 냄비에 **3**을 넣고 갈색이 될 때까지 1분~1분 30초가량 튀긴다. 망에 건져 기름을 뺀다.

5 그릇에 담아 소금을 뿌리고 (있으면) 민트를 곁들인다.

'훌리훌리'는 '돌리다'라는 뜻
현지에서는 어른 취향의 숯불구이예요!

훌리훌리 치킨

재료

뼈 있는 닭다리 … 2개

「A」
　생강(간 것) … 1조각
　우스터 소스 … 2큰술
　청주 … 2큰술
　간장 … 1큰술

소금 … 약간
후추 … 적당량
토마토 … 1개
좋아하는 잎채소 … 적당량

1　준비한 닭다리에 「A」를 문질러 스미게 한 다음 냉장고에 하룻밤 재운다.

2　소금과 충분한 양의 후추를 뿌리고, 살짝 탄 자국이 생길 때까지 생선 그릴 중불에서 10분 정도 굽는다.

3　닭고기를 알루미늄 포일로 살짝 싼 다음 12~13분 정도 더 굽는다.

4　그릇에 담고 1cm 두께로 슬라이스한 토마토와 좋아하는 잎채소를 곁들인다.

숨은 인기 메뉴
톡 터지는 아삭한 식감이 신선해요!
미니토마토 프라이

재료

미니토마토 … 16알
박력분 … 1/2컵
달걀 푼 것 … 1개 분량
빵가루 … 1컵
튀김유 … 적당량
소금 … 약간

1. 미니토마토는 꼭지를 따고 박력분, 달걀 푼 것, 빵가루의 순서로 옷을 입힌다.
2. 튀김유를 넣어 180℃로 가열한 냄비에 1을 넣고 짙은 갈색이 돌 때까지 튀긴다. 망에 건져 기름을 뺀다.

memo
미니토마토는 단단한 게 좋아요.

Column

아침 시장, 토마토 가게 앞에 길게 늘어선 줄
〈KCC FARMER'S MARKET〉의 명물, 프라이드 그린 토마토. 익지 않은 토마토 튀김인데 고추냉이레몬이나 바질라임 소스를 찍어 먹어요. 언제나 장사진을 이루는 인기 메뉴랍니다.

V 싱그러운 샐러드

지역 생산·지역 소비가 트렌드가 된 하와이는 신선하고 풍미가 강한 채소로 가득해요.
건강을 생각하는 로컬들도 많아 채소가 주인공인 메뉴가 증가 추세랍니다.
〈Whole Foods Market〉이나 〈Down to Earth〉 같은 내추럴 & 오가닉 슈퍼마켓에도 중량을 달아 판매하는 샐러드나 조리 식품 코너가 잘 갖춰져 있어요.
기본인 마카로니 샐러드부터 메인 샐러드까지, 식탁에 포인트가 될 샐러드에 도전해 보세요!

연어를 넣고 소스로 버무리면 끝!
시간이 없을 때 '구색 갖추기 메뉴'로 안성맞춤이에요

로미로미 연어샐러드

재료

연어(횟감용) … 150g
토마토(큰 것) … 1개
「A」
  케이퍼베리 … 20g
  붉은 고추(저민 것) … 1/2개
  사탕무 설탕(또는 흰설탕) … 1/2작은술
  소금 … 2/3작은술
  레몬즙 … 1/2개 분량
  올리브 오일 … 1큰술
상추 … 6~7장

1 연어는 7~8mm 두께로 썬다. 토마토는 1cm 크기로 깍둑썰기 한다. 함께 볼에 담고 「A」를 넣어 잘 버무린다.
2 손으로 찢은 상추를 넣고 가볍게 섞는다.

 삶은 닭고기도 순식간에
하와이안 스타일 샐러드로 변신
로미로미 치킨샐러드

재료

닭가슴살 … 150g
청주 … 1큰술
적양파 … 1/2개
고수 … 1단

「A」
   마늘(저민 것) … 1/2톨
   넘플라(피시소스) … 1큰술
   레몬즙 … 1/2개 분량
   사탕무 설탕(또는 흰설탕) … 1/2작은술
   올리브 오일 … 1큰술

후추 … 약간

1. 닭가슴살은 두께를 균일하게 하기 위해 칼집을 넣어 펼친다. 냄비에 물을 끓여 청주를 넣고 닭가슴살을 2분 정도 삶은 다음 불을 끈다. 뚜껑을 덮고 그대로 식힌다.
2. 적양파는 2mm 두께로 얇게 썰어 5분 정도 물에 담갔다가 물기를 완전히 제거한다. 고수는 대충 자른다.
3. 볼에 손으로 큼직하게 찢은 닭가슴살과 「A」를 넣고 골고루 버무린다. 2를 넣고 가볍게 버무린 다음 후추를 뿌린다.

강한 맛의 메인 메뉴와 딱 어울리는 산뜻한 맛
좋아하는 콩을 담뿍 담으세요

오색 콩 진저샐러드

재료

모로코 강낭콩 … 4개
흰 강낭콩 삶은 것(캔) … 1/2컵
강낭콩 삶은 것(캔) … 1/2컵
병아리콩 삶은것(캔) … 1/2컵
생강(저민 것) … 1조각
올리브 오일 … 1큰술
레몬즙 … 1/2개 분량
소금 … 1작은술
후추 … 약간

1 냄비에 물을 끓이다가 소금을 조금(분량 외) 넣고 모로코 강낭콩을 2분 정도 삶는다. 소쿠리에 건져 1cm 폭으로 자른다.

2 볼에 모로코 강낭콩, 흰 강낭콩 삶은 것, 강낭콩 삶은 것, 병아리콩 삶은 것, 생강을 넣고 살짝 섞는다.

3 올리브 오일, 레몬즙, 소금, 후추를 넣고 가볍게 버무린다.

달콤한 망고 소스가
의외로 참치와 잘 어울려요!

참치 소테와 시금치 샐러드

재료

올리브 오일 … 약간
참치(직사각형 썰기) … 150~200g
양파 … 1/2개
망고 … 1/2개

「A」
　올리브 오일 … 2작은술
　화이트와인 비네거(또는 식초) … 1큰술
　후추 … 약간

샐러드용 시금치 … 80g

1. 올리브 오일을 둘러 달군 프라이팬에 참치를 넣고 표면을 중불에서 살짝만 익힌다. 얼음물에 살짝 담궈 식힌 다음 키친타월 위에 올려 수분을 제거한다.
2. 양파는 2mm 두께로 얇게 썰어 5분 정도 물에 담갔다가 물기를 완전히 제거한다.
3. 망고는 씨와 껍질을 제거하고 볼에 담는다. 포크로 으깬 과육을 페이스트 상태로 만든 다음 「A」를 넣고 섞는다.
4. 접시에 먹기 좋은 크기로 자른 시금치와 양파, 1cm 굵기로 썬 참치를 순서대로 올리고 3을 뿌린다.

밑반찬 같은 샐러드
어떤 메인 메뉴와도 잘 어울려요
마카로니 샐러드

재료

마카로니 … 100g
올리브 오일 … 1작은술
오이 … 1개
소금 … 약간
양파 … 1/2개
플레인 요구르트(무가당) … 2작은술
소금·후추 … 조금씩

1. 냄비에 물을 끓이다가 소금 1큰술(분량 외)을 넣고 마카로니를 포장지의 조리법 대로 삶는다. 소쿠리에 건져 물기를 충분히 빼고 올리브 오일을 뿌린다.

2. 오이는 2~3mm 두께로 둥글게 썬 다음 소금을 넣고 조물조물 해 물기를 꼭 짠다.

3. 볼에 후추 이외의 모든 재료를 넣고 잘 버무린 다음 마지막으로 후추를 뿌린다.

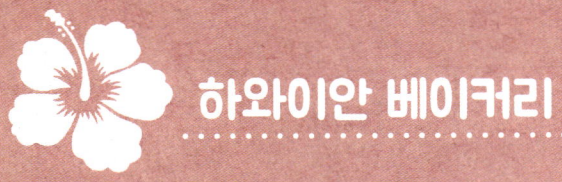

하와이안 베이커리 & 디저트

간식 요리
와카야마 요코

다양한 나라에서 온 간식들

하와이의 간식도 식사 요리와 마찬가지로 다양한 나라의 이민자들이 들여온 것이 독자적인 변화를 거쳐 뿌리 내린 것들이 많습니다. 예를 들면 팬케이크(p.74)는 미국 본토에서, 말라사다 도넛(p.84)은 포르투갈, 그리고 모치코(찹쌀가루)로 만든 '모치'라 불리는 과자(p.93)는 일본계를 통해 들어왔답니다.

"다양한 맛이 서로 어울려 넉넉하고 푸근한 하와이 간식의 이미지가 형성된 것 같아요. 현지 음식점들은 정말 양이 많아서 어떻게 다 먹지 싶은 때도 많지만 의외로 싹싹 비우게 된다니까요."

1년에 한 번은 하와이를 찾는다는 요리연구가 와카야마 요코는 이렇게 말하며, 그 비밀은 '조미'에 있다고 분석합니다.

"예를 들면 팬케이크나 말라사다 도넛 같은 경우, 반죽 자체는 식감도 맛도 담백한 편이에요. 그런데 여기에 시럽을 첨가하거나 크림을 곁들이고 설탕을 뿌려 자기가 좋아하는 맛으로 완성시키는 거죠."

이런 하와이의 간식들은 최근 들어 더욱 쉽게 구할 수 있게 되었는데, 그래도 역시 팬케이크나 말라사다 도넛을 따끈따끈하게 먹으려면 직접 만들어야겠죠!

"특히 말라사다 도넛은 정말 금방 만든 것을 먹어야 해요. 더운 계절에는 아사이 볼(p.118)이 맛있고요. 팬케이크는 아침 식사나 브런치로도 좋고, 필요에 따라 즐길 수 있는 간식류를 준비했습니다. 꼭 한번 직접 만들어 보세요."

- 베이커리 레시피에서는 별도 기재가 없는 한 설탕은 그래뉴당, 버터는 무염을 사용했습니다.
- 박력분은 다목적용, 제빵용 모두 괜찮아요.

VI 골라 즐기는 팬케이크

〈Eggs 'n Things〉나 〈Cafe Kaila〉 등 대단한 인기를 누리고 있는 하와이의 팬케이크.
폭신하고 가벼운데, 씹으면 쫀득쫀득한 식감이 특징입니다.
과일이나 크림을 듬뿍 얹은 달콤 간식 스타일부터 식사로도 손색없는 담백한 맛까지.
종류가 다양하다는 것도 무척이나 매력적이랍니다.
한입 크게 베어 먹으면 미소가 절로 퍼지는 하와이 특유의 맛이에요!

폭신폭신해서 몇 장이라도
먹을 거 같아요!

하와이안 팬케이크 플레인

ⓐ　　　　　ⓑ　　　　　ⓒ

재료

지름 10cm × 6장 분량

플레인 요구르트(무가당) … 150g
달걀 … 1개(약 55g)
우유 … 80cc
샐러드유 … 1큰술
박력분 … 150g
그래뉴당 … 2큰술
베이킹파우더 … 3g(1/2작은술 정도)
베이킹소다 … 2g(1/2작은술보다 살짝 적게)

「토핑」
　스프레이 휘핑크림 … 적당량
　딸기, 라즈베리, 블루베리 등 … 각각 적당량

1 볼에 플레인 요구르트, 달걀, 우유, 샐러드유를 넣고 포크로 달걀의 흰자를 가르듯 하며 골고루 섞는다.

2 다른 볼에 박력분, 그래뉴당, 베이킹파우더, 베이킹소다를 넣고 거품기로 골고루 섞는다.

3 2에 1을 조금씩 부으며 부드러워질 때까지 거품기로 섞는다 ⓐ.

4 프라이팬에 샐러드유 1작은술(분량 외)을 넣고 키친타월로 넓게 편 다음 중불에서 달군다. 프라이팬이 잘 달구어지면 일단 불에서 내려 젖은 행주 위에 올려놓고 한 김 식힌다 ⓑ. 다시 프라이팬을 중불에 달군 다음, 국자로 3을 떠 살살 부으면서 지름 10cm 정도 크기로 만든다. 2분 정도 지나 표면에 보글보글 기포가 생기면 뒤집개로 뒤집어 1분 정도 더 굽는다 ⓒ. 나머지도 같은 방법으로 굽는다. 대형 프라이팬이라면 여러 장을 한꺼번에 구워도 좋다.

5 접시에 옮겨 담고 스프레이 휘핑크림을 듬뿍 얹는다. 과일로 장식한다.

Pancake

★ memo

- '스프레이 휘핑크림'은 말 그대로 스프레이 형태의 휘핑크림. 손쉽게 하와이 분위기를 연출할 수 있어요. 슈퍼마켓에서 판매하니 꼭 사용해 보세요.
- 물론 생크림 200g과 그래뉴당 1큰술로 휘핑크림을 만들어도 돼요. 재료를 볼에 넣고 용기를 얼음물에 얹어 차갑게 한 상태에서 원하는 정도로 단단해질 때까지 거품기로 저으면 됩니다.
- 과일은 냉동 제품도 좋고 다른 것도 상관없지만 새콤한 과일이 잘 어울린답니다.

코코넛 소스와 함께 먹어도 맛있어요
커피 초코칩 팬케이크

재료

지름 10cm × 6장 분량

플레인 요구르트(무가당) … 150g
달걀 … 1개(약 55g)
우유 … 80cc
샐러드유 … 1큰술
박력분 … 150g
그래뉴당 … 2큰술
베이킹파우더 … 3g(1/2작은술 정도)
베이킹소다 … 2g(1/2작은술보다 살짝 적게)
뜨거운 물 … 2작은술
인스턴트 커피 … 1큰술
초코칩 … 50g
시나몬 파우더 … 1/4작은술

「하와이안 팬케이크 플레인」(p.74)에서 토핑을 빼고, 만드는 법 **1~4**와 똑같이 만든다.

단, **3**의 섞기 마지막 단계에서 인스턴트 커피, 초코칩, 시나몬 파우더를 넣고 가볍게 섞는다.

memo
초코칩은 판초콜릿(다크)을 잘게 부순 것도 OK.

하와이안 스타일의
진한 소스가 자꾸 생각나요!
코코넛소스 팬케이크

재료

지름 10cm × 6장 분량

「코코넛 소스」
　코코넛밀크 … 100cc
　연유 … 50cc
　물 … 1작은술
　녹말가루 … 1/2작은술

「반죽」
　플레인 요구르트(무가당) … 150g
　달걀 … 1개(약 55g)
　우유 … 80cc
　샐러드유 … 1큰술
　박력분 … 150g
　그래뉴당 … 2큰술
　베이킹파우더 … 3g(1/2작은술 정도)
　베이킹소다 … 2g(1/2작은술보다 살짝 적게)
　바나나 … 중간 크기 1개(약80g)

1 코코넛 소스를 만든다. 작은 냄비에 코코넛 밀크와 연유를 넣고 거품기로 섞으면서 중불에서 가열한다. 끓어오르지 않을 정도로 따뜻해지면 물에 갠 녹말가루를 넣고 젓는다. 걸쭉해지면 불을 끈다.

2 반죽하는 법은 「하와이안 팬케이크 플레인」(p. 74)에서 토핑을 빼고, 만드는 법 **1~4**와 같다. 단, 프라이팬에 반죽을 넣은 다음 5mm 두께로 썬 바나나를 3~4장씩 얹는다. 접시에 옮겨 담고 먹기 직전에 코코넛 소스를 뿌린다.

 Column

팬케이크는 아침 단골 메뉴

팬케이크는 간식의 이미지가 강하지만 하와이에서는 아침 식사 메뉴랍니다. 아침으로 버터밀크 팬케이크에 달걀 요리, 포르투갈 소시지를 먹는 로컬이 많고, 팬케이크 전문점은 오후 2시면 문을 닫아요.

커피 초코칩 팬케이크   코코넛소스 팬케이크

오렌지 수플레 팬케이크

반죽에 머랭을 넣어 한층 포근포근하게 구워요!

재료

지름 10cm × 6장 분량

「A」
　달걀 … 1개(55g)
　달걀 노른자 … 1개 분량
　우유 … 100cc
　오렌지 껍질 간 것 … 1개 분량

박력분 … 150g
그래뉴당 … 2큰술
베이킹파우더 … 1작은술

「머랭」
　달걀 흰자 … 1개 분량
　그래뉴당 … 1과 1/2큰술

샐러드유 … 1작은술

「토핑」
　오렌지 … 1개
　꿀 … 적당량

1　「A」는 흰자를 가르듯 포크로 골고루 잘 섞는다. 볼에 박력분, 그래뉴당, 베이킹파우더를 넣고 「A」를 조금씩 부으며 거품기로 섞는다.

2　머랭을 만든다. 다른 볼에 흰자를 넣고 거품기로 하얀 거품이 일 때까지 젓는다. 그래뉴당을 조금씩 넣으면서 더 풍성하게 거품을 만든다. 거품이 단단해지면 1에 넣고 고무주걱으로 흰 부분이 보이지 않을 때까지 대강 섞는다.

3　프라이팬에 샐러드유를 넣고 키친타월로 넓게 편 다음 중불에서 가열한다. 프라이팬이 잘 달구어지면 일단 불에서 내려 젖은 행주 위에 올려놓고 한 김 식힌다. 다시 프라이팬을 중불에 달군 다음, 국자로 2를 떠 살살 부으면서 지름을 10cm 정도로 만든다. 2분 정도 지나 표면에 보글보글 기포가 생기면 뒤집개로 뒤집어 1분 정도 더 굽는다. 나머지도 같은 방법으로 굽는다. 대형 프라이팬이라면 여러 장을 한꺼번에 구워도 좋다.

4　접시에 담고 껍질을 벗겨 동그랗게 썬 오렌지를 곁들인다. 꿀을 뿌린다.

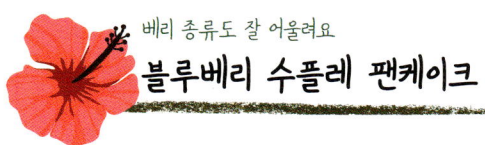

베리 종류도 잘 어울려요
블루베리 수플레 팬케이크

재료

지름 10cm × 6장 분량

「A」
  달걀 … 1개(55g)
  달걀 노른자 … 1개 분량
  우유 … 100cc

박력분 … 150g
그래뉴당 … 2큰술
베이킹파우더 … 1작은술

「머랭」
  달걀 흰자 … 1개 분량
  그래뉴당 … 1과 1/2큰술

블루베리 … 60g
샐러드유 … 1작은술

「오렌지 수플레 팬케이크」에서 오렌지 껍질 간 것과 토핑을 빼고, 만드는 법 **1~3**과 똑같이 만든다. 단, **2**의 섞기 마지막 단계에서 블루베리를 넣고 가볍게 섞는다.
다 익으면 블루베리 적당량(분량 외)을 곁들인다.

memo
- 블루베리는 냉동 제품도 사용 가능. 해동하지 말고 그대로 섞어주세요.
- 기호에 따라 메이플 시럽을 뿌려도 맛있어요.

냄비에 넣고 녹여 섞기만 하면 끝!
간단 소스가 맛있어요

치즈 멜트 팬케이크

재료

지름 10cm × 6장 분량

달걀 … 1개(약 55g)
우유 … 150cc
샐러드유 … 1큰술
박력분 … 150g
그래뉴당 … 1큰술
소금 … 1/2작은술
베이킹파우더 … 6g(1작은술 정도)

「치즈 멜트 소스」
　피자 치즈 … 100g
　우유 … 150cc
　소금·후추 … 조금씩
　물 … 1작은술
　녹말가루 … 1작은술

1. 볼에 달걀, 우유, 샐러드유를 넣고 포크로 달걀의 흰자를 가르듯 하며 골고루 섞는다.
2. 다른 볼에 박력분, 그래뉴당, 베이킹파우더를 넣고 거품기로 골고루 섞는다.
3. 2에 1을 조금씩 부으며 부드러워질 때까지 거품기로 섞는다.
4. 치즈 멜트 소스를 만든다. 작은 냄비에 피자용 치즈와 우유를 넣고 고무주걱으로 섞으며 중불에서 가열한다. 치즈가 녹기 시작하면 소금·후추로 맛을 조절하고 물에 갠 녹말가루를 넣으며 걸쭉하게 만든다.
5. 프라이팬에 샐러드유를 1작은술(분량 외) 넣고 키친타월로 넓게 편 다음 중불에서 가열한다. 프라이팬이 잘 달구어지면 일단 불에서 내려 젖은 행주 위에 올려놓고 한 김 식힌다. 다시 프라이팬을 중불에 달군 다음, 국자로 3을 떠 살살 부으면서 지름을 10cm 정도로 만든다. 2분 정도 지나 표면에 보글보글 기포가 생기면 뒤집개로 뒤집어 1분 정도 더 굽는다. 나머지도 같은 방법으로 굽는다. 대형 프라이팬이라면 여러 장을 한꺼번에 구워도 좋다.
6. 접시에 담고 먹기 전에 치즈 멜트 소스를 뿌린다(소스를 뿌리기 전에 데우면 좋아요). 기호에 따라 바싹 구운 베이컨, 토마토(분량 외) 등을 곁들인다.

memo

요구르트가 없으니 단맛의 팬케이크보다 수분이 적고 잘 부풀어요.
베이킹소다를 넣지 않아도 베이킹파우더만으로 부풀릴 수 있습니다.

Column

시럽으로 단맛 X 짠맛을 즐겨요

짭짤한 팬케이크에 달콤한 시럽을 흠뻑 스미게 해서 먹는 게 로컬 스타일. 메이플, 코코넛, 구아바시럽, 꿀 등을 뿌려 맛의 조화를 즐겨보세요!

튜나와 양파로 포만감 상승!
튜나 팬케이크

재료

지름 10cm × 6장 분량

달걀 … 1개(약 55g)
우유 … 150cc
박력분 … 150g
그래뉴당 … 1큰술
소금 … 1/2작은술
베이킹파우더 … 6g(1작은술 정도)
참치(캔) … 1개(작은 것, 80g)
양파(다진 것) … 1/4개
후추 … 약간
샐러드유 … 1작은술

1. 볼에 달걀, 우유를 넣고 포크로 달걀의 흰자를 가르듯 하며 골고루 섞는다.
2. 다른 볼에 박력분, 그래뉴당, 소금, 베이킹파우더를 넣고 거품기로 골고루 섞는다.
3. 2에 1을 조금씩 부으며 부드러워질 때까지 섞는다. 여기에 국물을 꼭 짠 참치, 양파, 후추를 넣고 가볍게 섞는다.
4. 프라이팬에 샐러드유를 넣고 키친타월로 넓게 편 다음 중불에서 가열한다. 프라이팬이 잘 달구어지면 일단 불에서 내려 젖은 행주 위에 올려놓고 한 김 식힌다. 다시 프라이팬을 중불에 달군 다음, 국자로 3을 떠 살살 부으면서 지름을 10cm 정도로 만든다. 2분 정도 지나 표면에 보글보글 기포가 생기면 뒤집개로 뒤집어 1분 정도 더 굽는다. 나머지도 같은 방법으로 굽는다. 대형 프라이팬이라면 여러 장을 한꺼번에 구워도 좋다.
5. 접시에 담고 기호에 따라 캐럿라페 같은 샐러드(분량 외)를 곁들인다.

옥수수 팬케이크

톡톡 터지는 식감이 포인트

재료

지름 10cm × 6장 분량

달걀 … 1개(약 55g)
우유 … 150cc
샐러드유 … 1큰술
박력분 … 150g
소금 … 1/2작은술
베이킹파우더 … 6g(1작은술 정도)
옥수수(캔) … 1개(작은 것, 약130g)

1. 볼에 달걀, 우유, 샐러드유를 넣고 포크로 달걀의 흰자를 가르듯 하며 골고루 섞는다.

2. 다른 볼에 박력분, 소금, 베이킹파우더를 넣고 거품기로 골고루 섞는다.

3. 2에 1을 조금씩 부으며 부드러워질 때까지 섞는다. 여기에 국물을 꼭 짠 옥수수를 넣고 가볍게 섞는다.

4. 프라이팬에 샐러드유 1작은술(분량 외)를 넣고 키친타월로 넓게 편 다음 중불에서 가열한다. 프라이팬이 잘 달구어지면 일단 불에서 내려 젖은 행주 위에 올려놓고 한 김 식힌다. 다시 프라이팬을 중불에 달군 다음, 국자로 3을 떠 살살 부으면서 지름을 10cm 정도로 만든다. 2분 정도 지나 표면에 보글보글 기포가 생기면 뒤집개로 뒤집어 1분 정도 더 굽는다. 나머지도 같은 방법으로 굽는다. 대형 프라이팬이라면 여러 장을 한꺼번에 구워도 좋다.

5. 접시에 담고 기호에 따라 구운 소시지, 잎채소(분량 외) 등을 곁들인다.

VII 놓칠 수 없는 도넛, 스콘, 쿠키, 모치

겉은 바삭바삭, 속은 폭신폭신한 말라사다는 포르투갈에서 온 메뉴.
모치코(찹쌀가루)로 만든 일본풍의 달콤한 디저트류도 인기 만점.
본고장 영국과는 다른 촉촉한 식감의 스콘.
세계 각국 이민자들의 다양한 식문화가 한데 어우러진 하와이에서는
남국의 맛에 맞게 변화된 다양한 간식거리를 즐길 수 있어요.
모두들 어렴풋이 옛 생각이 떠오르게 하는, 소박한 맛이랍니다.
금방 만든 맛있는 말라사다를 집에서 맛보세요!

하와이 사람들이 정말 사랑하는 도넛
방금 튀겨낸 폭신폭신한 식감을 맛보세요!

말라사다 도넛 플레인

재료

6~7개 분량

박력분 … 150g
강력분 … 100g
녹말가루 … 2큰술
그래뉴당 … 40g
우유 … 120cc
드라이이스트 … 3g
달걀 … 1개(약 55g)
버터(가염) … 40g
플레인 요구르트(무가당) … 1큰술
그래뉴당(고운 입자) … 적당량

- 유산지를 사방 7~8cm 크기로 자른 것을 말라사다 도넛 수량만큼 준비한다 ⓐ.
- 달걀은 포크로 풀어 놓는다.

Column

하와이의 인기 간식이 된 포르투갈 일반 가정집의 맛

말라사다는 포르투갈에서 태어난 튀김 도넛. 기독교 신자가 많은 포르투갈 이민자들은 부활절 전에 설탕이나 기름 등을 모두 쓰기 위해 말라사다를 만드는 풍습이 있었어요. 이를 〈LEONARD'S BAKERY〉에서 판매하기 시작하면서 큰 호평을 얻었고 하와이의 인기 간식이 되었답니다.

☞ 레시피는 다음 페이지에서 확인하세요!

1 볼에 박력분, 강력분, 녹말가루, 그래뉴당을 넣고 거품기로 잘 섞는다.
2 우유는 전자레인지에 사람의 체온 정도로 데운 다음 드라이이스트를 넣어 포크로 대충 섞는다. 버터는 내열 용기에 담아 전자레인지에서 수십 초가량 가열하여 완전히 녹인다.
3 볼에 2의 우유를 조금씩 부으면서 손으로 골고루 반죽한다. 물기가 없어지면 2의 버터와 플레인 요구르트(내용물과 분리된 수분은 가능한 한 넣지 않는다)를 넣고 다시 치댄다.

4 볼에 랩을 씌우고 그 위에 젖은 행주를 덮어 ⓑ 냉장고에 하룻밤 재우든지 따뜻한 실내(30℃ 정도)에 1시간 정도 두어 반죽을 발효시킨다(1차 발효). 반죽이 2배로 부풀고 손가락으로 눌러 눌린 자국이 남으면 OK ⓒ.

5 카드 등으로 반죽을 6~7등분한 다음, 들러붙지 않도록 강력분(분량 외)을 뿌려둔 조리대에 올려둔다. 달걀 쥐듯 동그랗게 만 손바닥으로 가볍게 굴린다 ⓓ. 마무리로 고기만두처럼 모양을 만든다. 나머지도 모두 같은 방법으로 만든다.

6 각각의 반죽을 재단해 놓은 유산지에 올리고 랩을 씌워 20분 정도 재우며 다시 발효시킨다(2차 발효) ⓔ.
7 프라이팬에 3cm 정도 깊이로 튀김유(분량 외)를 넣고 낮은 온도(170℃)로 가열한 다음, 6을 유산지째로 넣는다. 약중불에서 6~7분 동안 가끔 뒤집어주면서 갈색이 될 때까지 튀긴다 ⓕ. (뒤집을 때 유산지가 벗겨지므로 이때 제거한다 ⓖ). 망에 건져 기름을 빼고 따뜻할 때 그래뉴당을 뿌린다.

⭐ **memo**

- 발효 시의 이상적인 실내 온도는 30℃ 전후. 실온이 낮은 경우에는 샤워 후의 욕실 등 가능한 한 따뜻한 장소에 놓아주세요. 오븐의 발효 기능을 이용해도 좋아요.
- 만드는 법 3에서는 반죽을 확실하게 치대주세요. 1차 발효가 제대로 되지 않았다면 이 단계에서 덜 치댔을 가능성이 있습니다. 또 발효 시 반죽이 제대로 부풀지 않은 경우에는 레시피보다 시간이 더 걸리더라도 반드시 확실히 발효시킨 후 다음 단계로 넘어가세요.
- 마무리용 그래뉴당은 가능한 한 제과용으로 출시된 '고운 입자' 제품을 사용하세요. 골고루 예쁘게 뿌릴 수 있답니다. 어느 정도 기름이 빠지기를 기다렸다가 너무 뜨겁지도 차갑지도 않을 때 뿌려주세요.

🌴 **Column**

플레인도 맛있지만 다양한 맛을 즐길 수 있는 말라사다

설탕을 뿌린 것 말고도 코코넛 크림이나 팥을 넣은 것, 반죽에 커피를 넣은 것도 있어요. 새콤달콤한 건조 매실 파우더를 뿌린 말라사다도 은근히 인기랍니다.

잔열로 녹인 도넛 속 초콜릿의
진하고 부드러운 맛!

초콜릿 말라사다 도넛

재료

6~7개 분량

박력분 … 150g
강력분 … 100g
녹말가루 … 2큰술
그래뉴당 … 40g
우유 … 120cc
드라이이스트 … 3g
달걀 … 1개(약 55g)
버터(가염) … 40g
플레인 요구르트(무가당) … 1큰술
그래뉴당(고운 입자) … 적당량
판초콜릿 … 6~7조각(조각당 약 8g)

「말라사다 도넛 플레인」(p.84)과 같은 방법으로 만든다. 단, 만드는 법 5에서 반죽을 등분한 다음 판초콜릿을 1조각씩 반죽 안에 넣는다.

도넛 안에 잼을 넣어 단맛을 풍성하게!
감귤류 잼도 잘 어울려요

살구잼 말라사다 도넛

재료

6~7개 분량

박력분 … 150g
강력분 … 100g
녹말가루 … 2큰술
그래뉴당 … 40g
우유 … 120cc
드라이이스트 … 3g
달걀 … 1개(약 55g)
버터(가염) … 40g
플레인 요구르트(무가당) … 1큰술
그래뉴당(고운 입자) … 적당량
살구잼 … 6~7큰술

「말라사다 도넛 플레인」(p.84)과 같은 방법으로 만든다. 따뜻할 때 입구가 좁은 깍지를 끼운 짤주머니에 살구잼을 넣는다 ⓐ. 말라사다 도넛 측면에 깍지를 꽂고 살구잼을 1큰술 정도씩 짜 넣는다.

memo

- 생크림을 살 때 서비스로 받는 간이 짤주머니를 이용해도 됩니다.
- 살구잼 외에도 새콤한 맛의 잼은 모두 잘 어울려요.

섞어서 굽기만 하면 되는 초간단 과자
아메리칸 스타일의 폭신한 스콘

블루베리 스콘

재료

5개 분량

박력분 … 150g
그래뉴당 … 50g
베이킹파우더 … 3g(1/2작은술보다 조금 적게)
버터 … 50g

「A」
  플레인 요구르트(무가당) … 80g
  달걀 푼 것 … 1/2개 분량(25~30g)

크림치즈 … 80g
블루베리 … 50g

「아이싱」
  슈거파우더 … 30g
  레몬즙 … 1/2큰술

- 버터는 1cm 크기로 깍둑썰기한 다음 냉장실에 넣어 차갑게 만든다.
- 「A」의 달걀은 포크로 풀어 놓는다.
- 오븐 트레이에 유산지를 깐다.
- 오븐은 190℃로 예열한다.

1 볼에 박력분, 그래뉴당, 베이킹 파우더를 넣고 대충 섞은 다음, 버터를 넣고 카드 등으로 잘게 자르며 가루를 뿌려 소보로처럼 만든다.

2 「A」를 넣고 카드로 자르듯 섞으며 덩어리로 만든다 ⓐ. 날가루가 반죽에 스며 없어지면 크림치즈와 블루베리(냉동 제품은 냉동 상태로 OK)를 넣고 반죽을 자르듯 섞는다.

3 손에 밀가루(분량 외)를 바르고 지름 5~6cm 크기의 윗면이 봉긋한 만두 모양으로 만들어 오븐 트레이에 올린다 ⓑ.

4 예열한 오븐에 15~20분가량 굽는다. 반죽이 부풀며 표면의 갈라진 부분에 바삭한 느낌이 나면서 표면과 바닥이 갈색으로 익으면 OK. 따뜻한 곳에 두고 열을 식힌다.

5 아이싱을 만든다. 슈거파우더에 레몬즙을 조금씩 부으며 스푼으로 섞는다. 열이 다 식은 4에 뿌린다.

바나나를 넣은 반죽에서
은은한 달콤함이 퍼져요

바나나 호두 스콘

재료

5개 분량

박력분 … 150g
그래뉴당 … 50g
베이킹파우더 … 3g(1/2작은술보다 조금 적게)
버터 … 50g

「A」
  플레인 요구르트(무가당) … 80g
  달걀 푼 것 … 1/2개 분량(25~30g)

바나나 … 1개(중간 크기, 약80g)
호두 … 50g

「블루베리 스콘」과 같은 방법으로 만든다.

- 바나나는 20g을 포크로 으깨고, 나머지는 사방 1cm 크기로 깍둑썰기한다.
- 만드는 법 2의 「A」와 함께 으깬 바나나를 넣는다. 크림치즈와 블루베리 대신 깍둑썰기한 바나나를 넣고 섞는다.
- 만드는 법 3의 오븐 트레이에 올린 반죽 위에 호두를 얹는다 ⓐ. 아이싱은 필요 없다.

슈거파우더로 바삭한 식감을!
남국의 순한 달콤함

코코넛 쿠키

재료

버터 … 60g
박력분 … 100g
슈거파우더 … 30g
코코넛 파인 … 1큰술

- 오븐 트레이에 유산지를 깐다.
- 오븐은 180°C로 예열한다.

1 볼에 차가운 버터, 박력분, 슈거파우더, 코코넛 파인을 넣은 다음, 카드로 버터를 잘게 자르며 전체적으로 잘 어울리게 한다 ⓐ.

2 손으로 가볍게 문지르면서 한 덩어리로 만든다. 노란색을 띠며 촉촉해지면 OK ⓑ.

3 랩으로 반죽을 이중 포장한 다음 정사각형으로 만든다. 방향을 90도씩 바꿔가며 밀대로 골고루 밀어 3~5mm 두께로 만든다.

4 좋아하는 모양틀로 찍거나 사방 3cm 정도로 자른다. 넓은 접시에 올린 다음 랩을 씌워 냉동실에서 30분 정도 휴지시킨다.

5 4를 오븐 트레이에 올리고 표면에 코코넛 파인 적당량(분량 외)을 뿌린 다음 가볍게 누른다. 예열한 오븐에서 12~15분 굽는다. 바닥면이 짙은 갈색이 되면 완성. 망에 옮겨 담고 열을 식힌다.

memo
- 그래뉴당은 딱딱해지므로 슈거파우더를 사용해 바삭하게 만듭니다.
- 3cm 크기로 깍둑썰기하면 21개 정도 만들 수 있어요.

하와이 하면 역시 코나 커피!
달콤 쌉싸름한 어른을 위한 쿠키랍니다

커피 쿠키

재료

버터 … 60g
박력분 … 100g
슈거파우더 … 30g
따뜻한 물 … 1/2작은술
인스턴트 커피 … 1/2작은술

「코코넛 쿠키」에서 코코넛 파인은 뺀다. 만드는 법 1 다음에 따뜻한 물에 녹인 인스턴트 커피를 넣어 손으로 가볍게 반죽하며 한 덩어리로 만든다. 나머지는 같은 방법으로 한다.

memo
지름 6cm 크기의 꽃 모양틀로 찍으면 12개 정도 만들 수 있어요.

파인애플 쿠키

반죽에 넣은 말린 파인애플이 식감의 포인트!

재료

버터 … 60g
박력분 … 100g
슈거파우더 … 30g
말린 파인애플 … 30g

「코코넛 쿠키」에서 코코넛 파인은 뺀다. 만드는 법 1 다음에 3mm 크기로 깍둑썰기한 말린 파인애플을 넣고 손으로 가볍게 반죽하며 한 덩어리로 만든다. 나머지는 같은 방법으로 한다.

 memo

길이 6.5cm 크기의 파인애플 모양틀로 찍으면 12개 정도 만들 수 있어요.

Cookie

하와이에서는 '모치코'가 흔하지만, 없다면 찹쌀가루를 사용해도 돼요
쫀득쫀득한 피와 달콤~한 소의 조화를 즐겨보세요!

모치 아이스 / 모치 후르츠

재료

6개 분량

「소」
아이스크림(좋아하는 맛) … 120g
딸기, 망고, 바나나 등 … 적당량

「피」
찹쌀가루 … 50g
그래뉴당 … 70g
물 … 100cc
꿀 … 1작은술

1. 기호에 맞는 소를 만든다. 아이스크림은 약 20g씩 랩에 싼 다음 지름 3cm 정도의 공 모양으로 만들어 냉동실에 하루 이상 얼려 단단하게 굳힌다 ⓐ. 과일은 껍질과 꼭지를 제거하고 원하는 크기로 자른다.

2. 피를 만든다. 내열 볼에 찹쌀가루, 그래뉴당, 물을 넣고 거품기로 섞는다. 걸쭉해지면 꿀을 섞어 ⓑ, 랩을 씌우지 않은 상태로 전자레인지에서 1분 30초 정도 가열한다.

3. 일단 꺼낸 다음 거품기로 잘 섞어 응어리를 풀고 ⓒ, 전자레인지에서 30초 정도 추가로 가열한다.

4. 다시 부드러워질 때까지 거품기로 잘 섞고, 뜨거울 때 녹말가루 적당량(분량 외)을 뿌려 둔 도마에 펼쳐 놓고 표면에 녹말가루를 뿌린다 ⓓ. 카드 등으로 6등분한 다음 ⓔ, 완전히 식힌다. 손에 녹말가루 적당량(분량 외)을 묻힌 다음 피를 늘려가며 아이스크림이나 과일을 감싼다. 입구를 꼬집어 여미고 ⓕ, 랩으로 감싸 냉동실에 넣고 차게 해 굳힌다 ⓖ.

반죽에 민트 리큐어를 넣으면 연한 녹색의 귀여운 빛깔이 됩니다. 이때는 재료 중 물을 반으로 줄여 주세요(물 50cc + 민트 리큐어 50cc).

이번에는 모치코로 구운 간식
톡톡한 식감이 자꾸 생각나요!

버터 모치

재료

15cm 정사각틀 1개 분량

찹쌀가루 … 110g
그래뉴당 … 60g
베이킹파우더 … 6g(1/2작은술보다 조금 적게)

「A」
   코코넛밀크 … 120cc
   우유 … 120cc

달걀 … 1개(약 55g)
버터 … 30g

- 달걀은 포크로 풀어 놓는다.
- 버터는 내열 용기에 담아 전자레인지에서 수십 초가량 가열하여 완전히 녹인다.
- 사각틀에 유산지를 깐다.
- 오븐은 180°C로 예열한다.

1 볼에 찹쌀 가루, 그래뉴당, 베이킹파우더를 넣는다. 「A」, 달걀, 녹인 버터 순으로 조금씩 넣는데, 넣을 때마다 부드러워질 때까지 거품기로 섞는다.

2 직사각형 틀에 붓고 예열한 오븐에서 40~50분, 표면이 완전히 구운 색이 날 때까지 굽는다. 틀째로 망에 얹어 완전히 식힌다.

Column

일본계가 많은 하와이에서 맛 볼 수 있는 달콤한 모치 간식

찹쌀을 분말로 만든 '모치코'는 하와이의 동네 슈퍼마켓에서 흔히 볼 수 있는 대중적인 식재료. 로컬들은 딸기모찌나 치치당고 등, 모치코로 만든 간식을 좋아한답니다.

VIII 우아하게 파이, 케이크, 브라우니

노스쇼어에 있는 〈Ted's Bakery〉나 와이키키에서 장사진을 이루는 〈The Cheesecake Factory〉 등 달콤하면서 포만감도 충만한 파이와 치즈케이크. 포트럭 파티에도 빠질 수 없는 로컬들이 사랑하는 메뉴예요. 망고나 파인애플 같은 트로피컬 소재로 개성을 살린 정성이 들어간 간식과 함께 눈도 입도 즐거운, 화려한 맛을 즐겨보세요.

'하우피아'는 코코넛밀크를 부들부들하고 탱글탱글하게 굳힌 것
깔끔한 달콤함에 자꾸만 손이 가요

레몬망고 하우피아 크림파이

재료

지름 21cm 크기의 은박 파이접시 1장 분량

냉동 파이시트(20X20cm) … 1장

「하우피아 크림」
  코코넛밀크 … 200cc
  우유 … 80cc
  그래뉴당 … 50g
  콘스타치 … 2와 1/2큰술

「레몬크림」
  그래뉴당 … 100g
  콘스타치 … 2큰술
  레몬껍질 간 것 … 1/2큰술
  레몬즙 … 3배 분량(물에 희석해 150cc)
  달걀 노른자 … 2개 분량
  달걀 … 2개(약 110g)
  버터 … 15g

펠리칸망고 … 1개(소)

「머랭」
  달걀 흰자 … 1개 분량
  그래뉴당 … 50g

☞ 레시피는 다음 페이지에서 확인하세요!

Column

코코넛밀크로 만든 부들부들 탱글탱글한 식감의 전통 간식

하와이의 전통 간식 하우피아. 원래는 코코넛밀크에 피아(폴리네시안 칡의 일종)를 넣어 굳힌 푸딩의 일종인데, 최근에는 피아 대신 콘스타치(옥수수 전분)를 사용하는 경우도 많다고. 하와이의 슈퍼마켓에서는 인스턴트 하우피아 믹스도 판매하고 있어요.

Pie

1 냉동 파이시트는 밀대로 가볍게 밀어 ⓐ, 은박 파이접시에 올리고 ⓑ 구석구석 잘 펼친다 ⓒ. 가장자리로 튀어나온 부분은 주방 가위로 잘라준다 ⓓ. 바닥을 포크로 여러 군데 찔러 구멍을 내고 ⓔ, 유산지를 깐 다음 누름돌을 얹는다 ⓕ.

2 200°C로 예열한 오븐에서 20분 정도 구운 다음 유산지를 들어내 누름돌까지 제거한다. 10분 정도 더 굽고 따뜻한 실내에서 식힌다 ⓖ.

3 하우피아 크림을 만든다. 작은 냄비에 코코넛밀크, 우유, 그래뉴당을 넣고 고무주걱으로 골고루 섞는다 ⓗ.

4 자그마한 볼에 콘스타치를 넣고, 3을 2~3큰술 넣어 섞은 다음 ⓘ 작은 냄비에 다시 붓는다.

5 걸쭉해질 때까지 중불에서 고무주걱으로 젓는다 ⓙ.

6 2번 파이시트에 붓고 고무주걱으로 편편하게 한 다음 냉장실에 넣어 식힌다.

7 레몬크림을 만든다. 작은 냄비를 씻어 그래뉴당, 콘스타치, 레몬껍질 간 것을 넣고 물에 희석한 레몬즙을 조금씩 부어가며 거품기로 섞어 부드럽게 만든다. 여기에 풀어놓은 달걀과 노른자를 넣고 ⓚ 가볍게 섞는다.

8 작은 냄비를 거품기로 저어가며 약불에서 끓인다. 걸쭉해지면 고무주걱으로 뒤적이며 잠시 더 끓인다 ⓛ. 배트에 옮겨 담고 크림 표면에 랩을 밀착해 덮은 상태로 냉장실에서 식힌다 (1시간 이상).

9 6번 파이 위에 사방 1cm 크기로 썬 망고를 올리고 8번의 레몬크림을 끼얹은 다음 고무주걱으로 편편하게 만든다.

10 머랭을 만든다. 볼에 달걀 흰자를 넣고 핸드믹서로 하얀 거품이 일 때까지 섞는다. 그래뉴당을 여러 차례 나누어 넣으면서 ⓜ 넣을 때마다 더 풍성하게 거품을 만든다. 거품이 단단해지면 완성 ⓝ. 9번 파이에 얹고 고무주걱으로 편편하게 편 다음 ⓞ, 스푼의 불룩한 쪽으로 톡톡 쳐서 뾰족하게 모양을 만든다 ⓟ.

11 220°C로 예열한 오븐에서 3~4분 구워 표면에 살짝 구운 느낌을 준다.

memo
- 망고는 냉동 제품을 사용해도 좋지만 수분이 많으므로, 해동하여 물기를 제거한 다음 사용하세요.
- 만드는 법 1에서 누름돌이 없으면 쌀이나 콩(건조)을 사용해도 돼요.

하우피아 크림 아래층에 초콜릿을 섞었어요
하와이에서만 맛볼 수 있는 개성만점 파이

초콜릿 하우피아 크림파이

재료

지름 21cm 크기의 은박 파이접시 1장 분량

냉동 파이시트(20X20cm) … 1장

「하우피아 크림」
  코코넛밀크 … 250cc
  우유 … 100cc
  그래뉴당 … 60g
  콘스타치 … 3큰술

판초콜릿(다크) … 60g

「휘핑크림」
  생크림 … 200cc
  그래뉴당 … 1큰술

1 「레몬망고 하우피아 크림파이」(p.96)의 만드는 법 1~5와 같은 방법으로 파이시트를 세팅하고 하우피아 크림을 만든다.

2 볼에 잘게 부순 판초콜릿과 뜨거운 하우피아 크림 150g을 넣고 ⓐ, 잔열로 판초콜릿을 녹이면서 고무주걱으로 섞는다 ⓑ.

3 꼭꼭 눌러 편 파이시트 위에 **2**를 넣고 고무주걱으로 편편하게 편다. 위에 남은 하우피아 크림을 얹고 마찬가지로 편편하게 편다.

4 휘핑크림을 만든다. 볼에 생크림과 그래뉴당을 넣고 볼 바닥을 얼음물에 담근다. 거품기로 단단한 거품이 만들어질 때까지 저은 다음 짤주머니에 넣고 **3** 위에서 수직으로 짠다(휘핑크림을 얹고 스푼의 볼록한 부분으로 넓게 펴도 괜찮다).

 **Column**

노스쇼어에서 탄생한 하우피아 파이

하우피아와 초콜릿이 층을 이루는 초콜릿 하우피아 크림파이는 노스쇼어에 위치한 〈TED'S BAKERY〉의 간판 메뉴. 로컬들과 관광객 모두에게 큰 인기랍니다.

초콜릿 맛의 작은 슈크림
라임 맛은 정말 상큼해요!

코코퍼프 / 라임 크림퍼프

재료

20개 분량

「초콜릿 크림」(10개 분량)
  박력분 … 10g
  콘스타치 … 10g
  그래뉴당 … 20g
  「A」
    달걀 푼 것 … 1개 분량(약 55g)
    우유 … 200cc
    생크림 … 50cc
  판초콜릿(대충 부순 것) … 50g

「라임커드」(10개 분량)
  그래뉴당a … 50g
  콘스타치 … 1큰술
  라임즙 … 1과 1/2개 분량(60cc, 부족하면 물 보충)
  라임 껍질 간 것 … 1개 분량
  달걀 … 1개(약 55g)
  버터 … 1큰술(15g)
  생크림 … 100cc
  그래뉴당b … 1큰술

「샹티이 크림」(20개 분량)
  그래뉴당 … 100g
  콘스타치 … 2작은술
  「A」
    무가당 연유 … 170cc
    달걀 푼 것 … 2개 분량(약 110g)
    버터(대충 썬 것) … 100g

「슈」(20개 분량)
  버터 … 50g
  소금 … 2g
  그래뉴당 … 1/2 작은술
  물 … 125cc
  박력분 … 75g
  달걀 … 2~3개(약 110~165g)
  *반죽의 점도에 따라 조정하세요.

• 달걀은 모두 포크로 풀어 놓는다.
• 슈의 박력분은 털어낸다.
• 오븐 트레이에 유산지를 깐다.

초콜릿 크림

1 박력분과 콘스타치를 채에 내려 작은 냄비에 담는다. 그래뉴당을 넣고 거품기로 한데 섞는다. 여기에 「A」를 조금씩 넣으며 응어리가 생기지 않도록 골고루 섞는다.

2 바닥이 눌지 않도록 중불에서 거품기로 천천히 저으며 끓인다. 보글보글 끓다가 걸쭉해지면서 윤기가 돌면 불을 끈다. 뜨거울 때 채망에 걸러 배트에 옮겨 담고, 초콜릿을 넣어 잔열로 녹여 섞는다. 표면을 랩으로 밀봉해 냉동실에서 완전히 식힌다(1시간 이상).

라임커드

3 작은 냄비에 그래뉴당a과 콘스타치를 넣고 거품기로 저어 섞는다. 라임 즙과 라임 껍질을 넣고 잘 섞은 다음, 달걀 푼 것을 넣고 응어리가 지지 않도록 골고루 섞는다.

4 약불에서 바닥이 눋지 않도록 거품기로 천천히 저으며 끓인다. 보글보글 끓다가 걸쭉해지면서 윤기가 돌면 불을 끈다. 버터를 넣고 잔열로 녹여 섞은 다음 뜨거울 때 채망에 걸러 배트에 옮겨 담는다. 표면을 랩으로 밀봉해 냉동실에서 완전히 식힌다(1시간 이상).

5 슈에 주입하기 직전에 거품기로 젓고, 생크림과 그래뉴당b을 휘핑하여 거품기에서 떨어지지 않을 정도가 된 것을 섞는다.

샹티이 크림

6 작은 냄비에 그래뉴당과 콘스타치를 넣고 거품기로 한데 섞는다. 여기에 「A」를 조금씩 넣으며 응어리가 생기지 않도록 골고루 섞는다.

7 약불에서 바닥이 눋지 않도록 거품기로 천천히 저으며 끓인다. 보글보글 끓다가 걸쭉해지면서 윤기가 돌면 불을 끈다. 버터를 넣고 잔열로 녹여 섞은 다음 뜨거울 때 채망에 걸러 배트에 옮겨 담는다. 표면을 랩으로 밀봉해 냉동실에서 완전히 식힌다(1시간 이상).

슈

8 냄비에 버터, 소금, 그래뉴당, 물을 넣고 중불에서 한소끔 끓으면 일단 불을 끈다. 채에 내린 박력분을 넣고 고무주걱으로 한 덩어리가 될 때까지 젓는다. 다시 반죽하듯 섞으며 중불에서 끓이다가 ⓐ, 냄비 바닥에 반죽이 붙어 얇은 막이 생기면 ⓑ 볼에 옮겨 담는다.

9 달걀을 여러 차례 나눠 넣는데 ⓒ, 넣을 때마다 골고루 섞는다. 반죽에 윤기가 돌며 부드러워지면 반죽을 주걱으로 들어올려 역삼각형으로 떨어지는지 확인한다(이 정도 농도가 되면 달걀은 그만 넣는다) ⓓ.

10 9를 둥근 깍지를 낀 짤주머니에 넣고 오븐 트레이에 지름 2.5cm 정도의 크기로 짠다 ⓔ. 200℃로 예열한 오븐에서 15분 정도 굽다가 180℃에서 15분 정도 더 굽는다. 노릇하게 색이 돌면서 바닥이 단단해지면 완성. 망에 올려 완전히 식힌다.

마무리

11 슈 바닥에 젓가락으로 작은 구멍을 뚫고, 둥근 깍지를 끼운 짤주머니로 초콜릿이나 라임커드를 주입한다 ⓕ.

12 슈 상단에 스푼으로 샹티이 크림을 얹어 먹는다.

'코코퍼프'의 '코코'는 코코아의 코코. 기본적으로는 초콜릿 맛 크림을 사용한답니다.

역시 하와이에서도 인기 있는 치즈케이크
새콤달콤 소스로 여름에도 상큼하게!

딸기소스 치즈케이크

재료

15cm 깊이의 원형틀 1개 분량

「반죽」
　크림치즈 … 200g
　사워크림 … 90cc
　그래뉴당 … 100g
　생크림 … 200cc
　버터 … 30g
　달걀 … 2개(약 110g)
　콘스타치 … 15g

「딸기소스」
　딸기 … 100g
　그래뉴당 … 1큰술
　레몬즙 … 1작은술
　물 … 1작은술
　콘스타치(또는 녹말가루) … 1/2작은술

「휘핑크림」
　생크림 … 100cc
　그래뉴당 … 1/2큰술

- 크림치즈는 미리 상온에 꺼내 둔다.
- 원형틀은 알루미늄 포일로 표면을 감싼다(오븐에서 중탕할 때 바닥에서 물이 스며들지 않도록 하기 위해) ⓐ.
- 달걀은 포크로 풀어 놓는다.
- 버터는 내열 용기에 담아 전자레인지에 수십 초 가열하여 완전히 녹인다.
- 오븐은 170°C로 예열한다.

1　볼에 크림치즈, 사워크림, 그래뉴당을 넣고 부드러워질 때까지 거품기로 섞는다. 생크림, 녹인 버터, 달걀 순으로 각각 조금씩 넣는데, 넣을 때마다 골고루 섞이도록 잘 젓는다.

2　채에 내린 콘스타치를 넣고 날가루가 사라질 때까지 섞는다.

3　오븐 트레이에 원형틀을 놓고 **2**를 부은 다음, 오븐 트레이에 2~3cm 깊이로 따뜻한 물을 넣는다 ⓑ. 예열한 오븐에서 1시간 정도 중탕한다. 다 구워져도 오븐에 들어있는 상태에서 1시간 정도 식힌다.

4　오븐에서 **3**을 꺼내 반죽을 틀에서 꺼내고(바닥을 들어올려 꺼낸다), 접시에 옮겨 냉장실에서 식힌다.

5　딸기소스를 만든다. 딸기는 먹기 좋게 2~4 등분한 다음, 작은 냄비에 넣는다. 그래뉴당과 레몬즙을 넣어 골고루 묻힌 다음, 수분이 나오면 중불에서 끓기 직전까지 가열한다. 물에 녹인 콘스타치를 넣고 고무주걱으로 저어 걸쭉하게 만든다.

6　휘핑크림을 만든다. 볼에 생크림과 그래뉴당을 넣고 볼 바닥을 얼음물에 담근다. 거품기로 부드러운 거품이 만들어질 때까지 젓는다. **4**에 얹은 다음 딸기소스를 뿌린다.

Cheesecake

냉동 치즈케이크에 초콜릿 입히기!
여름에 제맛인 시원한 케이크

초콜릿 프로즌 치즈케이크

ⓐ　ⓑ

재료

15cm 깊이의 원형틀 1개 분량

「반죽」
　크림치즈 … 200g
　사워크림 … 90cc
　그래뉴당 … 100g
　생크림 … 200cc
　버터 … 30g
　달걀 … 2개(약 110g)
　콘스타치 … 15g

판초콜릿(다크) … 100g

1　「딸기소스 치즈케이크」(p.104)의 밑준비, 만드는 법 **1~3**과 같은 방법으로 반죽을 만든다. 틀에서 뺀 다음 랩에 싸서 냉동실에 넣고 얼린다.

2　볼에 잘게 부순 판초콜릿을 넣고 고무주걱으로 저으면서 부드럽게 녹을 때까지 중탕한다.

3　언 치즈케이크를 망에 놓고(초콜릿이 흐르므로 밑에 접시 등을 받치면 좋다) ⓐ, **2**의 초콜릿을 끼얹은 다음 팔레트나이프로 재빨리 펴 바른다 ⓑ. 초콜릿이 굳으면 완성.

memo
- 치즈케이크는 반 정도 해동되었을 때가 가장 맛있어요.
- 가능하면 제과용 코팅 초콜릿을 사용해 보세요. 깔끔하게 입힐 수 있어요.
- **3**에서 초콜릿은 순식간에 굳으므로 재빨리 펴 발라야 해요.

Column

엄선된 재료, 노스쇼어산 초콜릿에 주목!

하와이의 달콤 간식으로 빼놓을 수 없는 초콜릿. 최근 아침 시장에서는 노스쇼어산 카카오로 만든 판초콜릿 '말라카이 초콜릿'이 인기랍니다.

부드러운 달콤함이 은은하게 퍼지는 트로피컬 케이크
망고 레어치즈케이크

재료

15cm 깊이의 원형틀 1개 분량

그라함 그래커 … 80g
버터 … 20g
크림치즈 … 150g
그래뉴당 … 70g
플레인 요구르트(무가당) … 150g
망고 퓌레 … 100g
젤라틴 가루 … 10g
생크림 … 150cc

- 크림치즈는 미리 상온에 꺼내 둔다.
- 젤라틴 가루는 물 2와 1/2큰술(분량 외)에 섞어 불린 다음 중탕으로 녹인다.
- 버터는 내열 용기에 담아 전자레인지에 수십 초 가열하여 완전히 녹인다.

1 그라함 크래커는 믹서에 갈거나 밀대로 밀어 잘게 부순 다음 ⓐ, 녹인 버터를 넣고 고무주걱으로 대충 섞어 원형틀 바닥에 편편하게 깐다 ⓑ.

2 볼에 크림치즈와 그래뉴당을 넣고 부드러워질 때까지 거품기로 섞는다. 불린 젤라틴, 플레인 요구르트, 망고 퓌레를 순서대로 넣는데, 넣을 때마다 부드러워질 때까지 잘 섞는다.

3 다른 볼에 생크림을 넣고 볼 바닥을 얼음물에 담근다. 거품기로 부드러운 거품이 만들어질 때까지 저은 다음, **2**의 볼에 부어 완전히 섞일 때까지 거품기로 젓는다.

4 **1**의 원형틀에 부어 냉장실에서 2시간 이상 식혀 굳힌다. 남은 망고가 있으면 사방 1cm 크기로 썬 것, 슬라이스한 라임(분량 외), 민트 잎(분량 외) 등으로 장식한다.

memo
- 그라함 크래커가 없으면 짠맛이 나지 않는 다른 쿠키나 크래커를 이용하면 돼요.
- 생망고나 냉동 망고로 망고 퓌레를 만들 수도 있어요. 믹서에 갈아 퓌레 상태로 만든 망고를 내열 볼에 담아요. 그래뉴당 1큰술(분량 외)을 넣고 거품기로 잘 섞어 전자레인지에서 1분 정도 가열하면 완성.

오레오와 너트의 진한 풍미
하와이안 스타일의 레어치즈케이크
오레오와 피넛 레어치즈케이크

재료

15cm 깊이의 원형틀 1개 분량

오레오 쿠키 … 90g
버터 … 20g
크림치즈 … 200g
피넛버터 … 40g
그래뉴당 … 70g
생크림 … 200cc
젤라틴 가루 … 5g

- 크림치즈는 미리 상온에 꺼내 둔다.
- 젤라틴 가루는 물 1과 1/2큰술(분량 외)에 섞어 불린다.
- 버터는 내열 용기에 담아 전자레인지에 수십 초 가열하여 완전히 녹인다.

1 오레오 쿠키는 믹서에 갈거나 밀대로 밀어 잘게 부순 다음, 녹인 버터를 넣고 고무주걱으로 대충 섞어 원형틀 바닥에 편편하게 깐다.

2 볼에 크림치즈, 피넛버터, 그래뉴당을 넣고 부드러워질 때까지 거품기로 섞는다.

3 작은 냄비에 생크림 50cc를 넣고 약불에서 70~80°C까지 가열한다. 불린 젤라틴을 넣고 거품기로 섞은 다음 **2**의 볼에 넣고 골고루 잘 섞는다.

4 다른 볼에 남은 생크림을 넣고 볼 바닥을 얼음물에 담근다. 거품기로 부드러운 거품이 만들어질 때까지 저은 다음, **3**의 볼에 부어 완전히 섞일 때까지 거품기로 젓는다.

5 **1**의 원형틀에 붓고 랩을 씌운 다음 냉장실에서 2시간 이상 식혀 굳힌다. 남은 오레오가 있으면 장식한다.

Column

하와이안들은 오레오를 사랑해요

잘게 부순 오레오를 넣은 치즈케이크와 아이스크림, 초콜릿 딥에 찍어먹는 오레오 등 하와이에는 오레오를 이용한 달콤 간식 종류도 다양해요. 슈퍼마켓에서 판매하는 오레오도 엄청나게 다양하답니다!

하와이 하면 역시 마카다미아!
사각사각 씹는 재미가 있어요

마카다미아 브라우니

재료

15cm 정사각틀 1개 분량

판초콜릿(다크) … 100g
버터 … 100g
달걀 … 2개(약 110g)
그래뉴당 … 80g
박력분 … 80g
마카다미아 … 20g

「아이싱」
　슈거파우더 … 30g
　따뜻한 물 … 2~3작은술
　인스턴트 커피 … 1/2작은술

- 초콜릿은 대충 부순다.
- 달걀은 포크로 풀어 놓는다.
- 마카다미아는 칼로 대충 부수어 놓는다.
- 사각틀에 유산지를 꼼꼼하게 깐다 ⓐ.
- 오븐은 170℃로 예열한다.

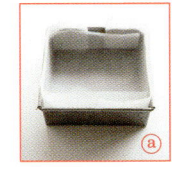

1 볼에 초콜릿과 버터를 넣고 중탕하며 고무주걱으로 저어 녹인다 ⓑ. 사람의 체온 정도가 되면 볼을 꺼내 열을 식힌다.

2 다른 볼에 달걀과 그래뉴당을 넣고 흰색이 될 때까지 거품기로 저어 섞는다.

3 1을 넣고 대충 섞는다.

4 채에 내린 박력분을 넣고 ⓒ, 날가루가 사라질 때까지 섞는다 ⓓ.

5 오븐 트레이에 사각틀을 올리고 4를 부으며 고무주걱으로 표면을 편편하게 한다. 마카다미아를 뿌리고 예열한 오븐에서 15~20분 정도 굽는다. 꼬치로 찔러 반죽이 묻어나지 않으면 OK.
틀째 망에 올려 완전히 식힌다.

6 아이싱을 만든다. 슈거파우더에 따뜻한 물에 녹인 인스턴트 커피를 조금씩 부으며 스푼으로 섞는다. 5의 반죽을 틀에서 꺼낸 다음 아이싱을 뿌린다.

요구르트를 섞은 가벼운 느낌의 버터케이크 반죽에
파인애플을 믹스한 인기 메뉴

파인애플 케이크

재료

15cm 정사각틀 1개 분량

버터 … 90g
그래뉴당 … 90g
달걀 … 2개(약 110g)
베이킹파우더 … 3g(1/2작은술 정도)
플레인 요구르트(무가당) … 90g
파인애플(캔, 슬라이스) … 5장
레몬 껍질 간 것 … 1/2개 분량

「아이싱」
　슈거파우더 … 30g
　레몬즙 … 1/2큰술

- 플레인 요구르트는 커피 필터나 키친타월 등을 깐 채에 받쳐 수분을 제거한다(보통은 양이 절반으로 준다) ⓐ.
- 버터는 미리 상온에 꺼내 두어 부드럽게 만든다 ⓑ.
- 달걀은 포크로 풀어 놓는다.
- 파인애플은 2장은 1cm 크기로 깍둑썰기하고, 3장은 6등분한다.
- 사각틀에 유산지를 꼼꼼하게 깐다.
- 오븐은 180℃로 예열한다.

1　볼에 버터와 그래뉴당을 넣고 버터가 하얗게 될 때까지 거품기로 젓는다.

2　달걀을 여러 차례 나눠 넣는데, 넣을 때마다 거품기로 저어 잘 섞이게 한다.

3　박력분과 베이킹파우더를 함께 채에 내려 넣은 다음 플레인 요구르트도 넣는다. 날가루가 사라질 때까지 원을 그리며 섞는다 ⓒ.

4　깍둑썰기한 파인애플과 레몬껍질 간 것을 넣고 고무주걱으로 자르듯 섞는다.

5　오븐 트레이에 사각틀을 올리고 4를 부은 다음 고무주걱으로 표면을 편편하게 한다. 남은 파인애플을 촘촘하게 얹고 예열한 오븐에서 25~30분 정도 굽는다. 나무 꼬치로 찔러보아 반죽이 묻어나지 않으면 OK. 틀째 망에 얹어 식힌다.

6　아이싱을 만든다. 슈거파우더에 따뜻한 레몬즙을 조금씩 넣으며 스푼으로 섞는다. 5의 반죽을 틀에서 꺼낸 다음 아이싱을 뿌린다.

미국의 꾸준한 인기 빵과자
탱글탱글 알갱이가 톡톡 터지는 맛!

바나나 콘브레드

재료

15cm 정사각틀 1개 분량

바나나 … 180g
달걀 … 1개(약 55g)
메이플시럽 … 50cc
박력분 … 100g
콘밀 … 100g
베이킹파우더 … 1작은술
베이킹소다 … 1/2작은술
소금 … 약간
버터 … 50g
피칸 … 30g

- 사각틀에 유산지를 꼼꼼하게 깐다.
- 버터는 내열 용기에 담아 전자레인지에서 수십 초가량 가열하여 완전히 녹인다.
- 오븐은 180°C로 예열한다.

1 믹서에 바나나, 달걀, 메이플시럽을 넣고 간다.

2 볼에 박력분, 콘밀, 베이킹파우더, 베이킹소다, 소금을 넣어 섞은 다음 채에 내린다. **1**, 녹인 버터 순으로 각각 조금씩 넣는데, 넣을 때마다 부드러워질 때까지 거품기로 젓는다.

3 오븐 트레이에 사각틀을 놓고 **2**를 부은 다음 고무주걱으로 표면을 편편하게 한다. 피칸을 뿌리고 예열한 오븐에서 30분 정도 굽는다. 나무 꼬치로 찔러보아 반죽이 묻어나지 않으면 OK. 틀째 망에 얹어 완전히 식힌다.

IX 시원한 디저트와 음료

햇볕이 쨍쨍 내리쬐는 하와이에서는 절대 손에서 놓을 수 없는 시원한 음료와 디저트.
〈Lanikai Juice〉, 〈Jamba Juice〉 같은 전문점도 많고, 신선한 과일로 만든 진한 스무디는 로컬들의
일상에서 빼놓을 수 없답니다.
온몸 구석구석 퍼지며 스며드는 차갑고도 달콤한 디저트도 하와이에서는 유난히 더 맛있게 느껴져요.
상쾌하게 기분전환하고 싶을 때, 가볍게 하와이를 느끼고 싶을 때…
여기 추천 음료와 달콤 간식 레시피가 있습니다.

하와이의 인기 과일 '아사이베리'로 만든 스무디에
그래놀라와 과일을 얹어 먹는 디저트예요

아사이 볼

재료

2인분

「그래놀라」
   귀리 … 1과 1/2컵
   아몬드(슬라이스) … 1/2컵
   코코넛 파인 … 1/2컵
   (있으면) 통밀가루 … 1큰술
   갈색 설탕 … 1~3큰술
   메이플 시럽(또는 꿀) … 2~4큰술
   생크림(또는 녹인 버터 2큰술이나 올리브 오일 2큰술) … 50cc
   소금 … 약간
   건포도, 건살구 등 건과일 … 총 1/3컵

아사이 퓌레 … 100g
냉동 블루베리, 냉동 라즈베리 … 총 1과 1/2컵
바나나 … 1개
두유 … 100cc
그래뉴당 … 1큰술
바나나, 블루베리, 딸기 등 좋아하는 과일 … 적당량
꿀 … 적당량

1 그래놀라를 만든다. 볼에 건과일 이외의 모든 재료를 넣고 잘 섞는다. 유산지를 깐 트레이에 펼쳐 놓고 150℃로 예열한 오븐에서 1~2시간 정도 구워 전체적으로 바삭바삭하게 말린다. 여기에 건과일을 넣고 섞어 5분 정도 더 구우면 완성 ⓐ.

2 아사이 퓌레, 냉동 블루베리, 냉동 라즈베리, 바나나, 두유, 그래뉴당을 믹서에 간 다음 그릇에 옮겨 담는다. 그래놀라를 뿌리고 좋아하는 과일을 얹은 다음 꿀을 뿌려 먹는다.

 Column

영양이 풍부해 건강을 생각하는 로컬들에게 인기!
아사이베리는 아마존이 원산지인 야자과 식물. 베이스에 코코넛워터나 과라나를 넣는 등 매장마다 특색이 있고, 아침 식사나 간식으로 즐겨 먹어요.

각종 젤리로 유리잔에 무지개를 만들어요
레인보우 젤리

재료

12cm 정사각틀 혹은 15cm 원형틀 1개 분량

젤리믹스(젤로) … 3~7종류

1. 젤리믹스는 포장지의 표시대로 여러 색의 젤리 액을 만든다.
2. 유리잔에 좋아하는 색을 순서대로 일정 분량씩 넣는다. 단, 한 가지 색을 넣을 때마다 냉동실에 15~20분 정도 넣어 표면을 굳힌다. 그 위에 다른 색을 넣고 마찬가지로 냉동실에 넣어 차게 한다.
   모든 색을 이런 식으로 반복한다.

memo

'젤로'는 미국에서 흔히 볼 수 있는 젤리믹스. 수입 식품점 등에서 구입 가능해요.

섞고 식혀 굳히면 신기한 일이!
젤리와 무스의 예쁜 이층집
젤로무스

재료

12cm 정사각틀 혹은 15cm 원형틀 1개 분량

젤라틴 가루 … 6g
물 … 2큰술
젤리믹스(젤로) … 85g
*여기서는 복숭아맛을 사용했어요.
뜨거운 물 … 1컵
생크림 … 100cc

1 젤라틴 가루는 물에 섞어 불린다.
2 볼에 젤리믹스, 1, 뜨거운 물을 넣고 확실히 녹도록 거품기로 잘 섞는다. 실온에서 열을 식힌다.
3 다른 볼에 생크림을 넣고 볼 바닥을 얼음물에 담근다. 거품기로 단단한 거품이 만들어질 때까지 젓는다.
4 2에 3을 넣고 거품기로 확실하게 섞는다.
5 틀에 넣고 랩을 씌운 다음 냉장실에서 2시간 이상 식혀 굳힌다.
6 따끈한 수건 등으로 틀을 감싸 젤리를 부드럽게 만들어 틀에서 뺀 다음, 먹기 좋은 크기로 자른다.

크래커 사이에 구운 마시멜로를 넣은 과자
스모어 아이스크림으로 남국 스타일 완성

스모어 아이스크림

재료

4개 분량

그라함 크래커 … 4장
마시멜로 … 20g
판초콜릿(대충 부순 것) … 20g
아이스크림(바닐라, 초코 등) … 150g

1. 그라함 크래커 2장에 마시멜로를 얹고 오븐 토스터에서 1분 정도 가열해 마시멜로 표면을 갈색으로 만든다. 마시멜로가 뜨거울 때 초콜릿을 뿌리고 그 상태로 식힌다.

2. 아이스크림을 얹고 나머지 그라함 크래커로 덮은 다음 랩으로 감싼다. 냉동실에 넣어 완전히 굳으면 먹기 좋은 크기로 자른다.

memo
- 그라함 크래커가 없으면 짠맛이 나지 않는 다른 쿠키나 크래커를 이용하면 돼요.
- 차게 하지 않고 바로 먹어도 OK.

향기로운 수제 쿠키 사이에 아이스크림을!
라즈베리나 블루베리 잼을 넣어도 맛있어요

피넛버터쿠키 아이스크림 샌드위치

재료

「쿠키」
　피넛버터 … 100g
　버터 … 80g
　갈색 설탕 … 90g
　달걀 … 1개(약 55g)
　박력분 … 200g
　베이킹소다 … 1/4작은술

좋아하는 아이스크림(바닐라 등) … 적당량

- 버터는 실온에 두어 부드럽게 만든다.
- 달걀은 포크로 풀어 놓는다.
- 트레이에 유산지를 깐다.
- 오븐은 190°C로 예열한다.

1　쿠키를 만든다. 볼에 피넛버터, 버터, 갈색 설탕을 넣고 고무 주걱으로 확실히 섞는다.

2　달걀을 조금씩 넣는데, 넣을 때마다 골고루 섞이도록 잘 젓는다.

3　박력분과 베이킹소다를 함께 채에 내려 넣고, 날가루가 사라질 때까지 고무주걱으로 자르듯 섞는다.

4　반죽을 20등분한다. 지름이 3cm 정도가 되도록 동글동글하게 빚은 다음, 손가락으로 눌러가며 6cm 정도로 동글납작하게 만든다 ⓐ, ⓑ. 예열한 오븐에 10분 정도 굽는데, 가장자리가 진한 갈색이 돌면 완성. 실온에서 식힌다.

5　2장의 쿠키 사이에 좋아하는 아이스크림을 넣고 각각 랩을 씌운다. 냉동실에 넣어 차게 굳힌다.

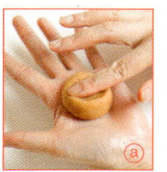

플랜테이션 아이스티   플레이버 워터   베리 스무디

하와이의 대중 음료 아이스티
파인애플의 달콤함으로 남국의 분위기를

플랜테이션 아이스티

재료

만들기 쉬운 분량

파인애플 주스 … 적당량
아이스티 … 적당량
시럽 … 기호에 따라

유리잔에 파인애플 주스와 아이스티를 넣고 머들러로 저어준다.
기호에 따라 시럽을 추가한다.

파인애플 주스와 아이스티의 비율은 1:1을 기준으로 기호에 따라 조절하세요.

과일의 풍미를 그대로 옮겨온 상큼한 물
더운 여름에 딱이죠!

플레이버 워터

재료

2~3잔 분량

오렌지 … 1개
레몬 … 1개
라임 1개
민트 … 적당량
얼음 … 적당량
미네랄 워터 … 600cc

껍질을 깨끗이 씻어 얇게 슬라이스한 감귤류와 민트 적당량을 유리잔 바닥에 깐다. 얼음을 넣고 미네랄 워터를 부어 스푼 등으로 얼음을 가볍게 부수면서 마신다.

베리를 듬뿍 넣어야 하와이안 스타일
두유를 넣으면 건강 음료가 되죠

베리 스무디

재료

2~3잔 분량

딸기, 라즈베리 등 베리 종류(냉동) … 총 240g
꿀 … 1큰술
플레인 요구르트(무가당) … 120g
우유(또는 두유) … 120cc

믹서에 모든 재료를 넣고 간다.

수박 스무디

망고, 파인애플, 체리 스무디

코코넛밀크의 풍미로 더욱 강렬해진 남국 느낌!
수박 스무디

재료

3~4잔 분량

수박 … 500g
그래뉴당 … 2큰술
우유 … 100cc
코코넛밀크 … 50cc

수박은 씨를 제거하고 한 입 크기로 잘라 냉동해 둔다. 믹서에 모든 재료를 넣고 간다.

스무디는 남으면 모두 냉동실에 보관 가능해요.

개성 있는 세 가지 단맛의 절묘한 조화!
꿀이 없어도 충분히 달콤해요
망고, 파인애플, 체리 스무디

재료

2~3잔 분량

망고 … 100g
파인애플 … 100g
체리(캔) … 100g
오렌지주스 … 200cc
꿀 … 적당량

망고, 파인애플, 체리는 한 입 크기로 잘라 냉동해 둔다. 믹서에 모든 재료를 넣고 간 다음 단맛이 부족하면 꿀을 넣고 섞는다.

달콤해서 맛있어요!
하와이의 대표 칵테일
치치

재료

1인분

파인애플 주스 … 80cc
코코넛밀크 … 50cc
보드카 … 30cc

유리잔에 모든 재료를 넣고 머들러로 저어 섞는다.

memo

보드카를 생략하면 어린이용 음료. 그리고 술에 약한 사람은 보드카의 양을 줄여주세요.

HAWAII NO GOHAN TO OKASHI RECIPE
© MAKI WATANABE, YOKO WAKAYAMA 2014

Originally published in Japan in 2014 by SHUFU TO SEIKATSU SHA CO., LTD., TOKYO.
Korean edition is published by arrangement with SHUFU TO SEIKATSU SHA CO., LTD., TOKYO
through TOHAN CORPORATION, TOKYO and Eric Yang Agency, Seoul.

All rights reserved.

이 책의 한국어판 저작권은 에릭양 에이전시를 통해 SHUFU TO SEIKATSU SHA CO., LTD.와 독점 계약한 문예림에 있습니다.

하와이안 푸드 레시피

초판 1쇄 인쇄 2017년 6월 13일
초판 1쇄 발행 2017년 6월 19일

지은이 와타나베 마키, 와카야마 요코
옮긴이 김소연
펴낸이 서덕일
펴낸곳 심포지아
책임편집 김소현
디자인 유예지
마케팅 박예진

출판등록 2014.12.24 (제2014-73호)
주소 경기도 파주시 회동길 366 (10881)
전화 (02)499-1281~2 팩스 (02)499-1283
전자우편 info@bookmoon.co.kr

저자 및 출판사의 허락없이 책의 일부 또는 전부를 무단 복제·전재·발췌할 수 없습니다.
잘못된 책은 구입하신 곳에서 교환해 드립니다.

값 12,000원
ISBN 979-11-954456-3-9 (13590)